ESSAI

SUR LA CONDITION JURIDIQUE

DES

ALSACIENS-LORRAINS

PAR

Henri GILBRIN

DOCTEUR EN DROIT
AVOCAT A LA COUR D'APPEL

PARIS

LIBRAIRIE NOUVELLE DE DROIT ET DE JURISPRUDENCE
ARTHUR ROUSSEAU, ÉDITEUR
14, RUE SOUFFLOT, ET RUE TOULLIER, 13

1884

ESSAI

SUR LA CONDITON JURIDIQUE

DES

ALSACIENS-LORRAINS

CHATEAUROUX. — TYP. ET STÉRÉOTYP. A. MAJESTÉ.

ESSAI

SUR LA CONDITION JURIDIQUE

DES

ALSACIENS-LORRAINS

PAR

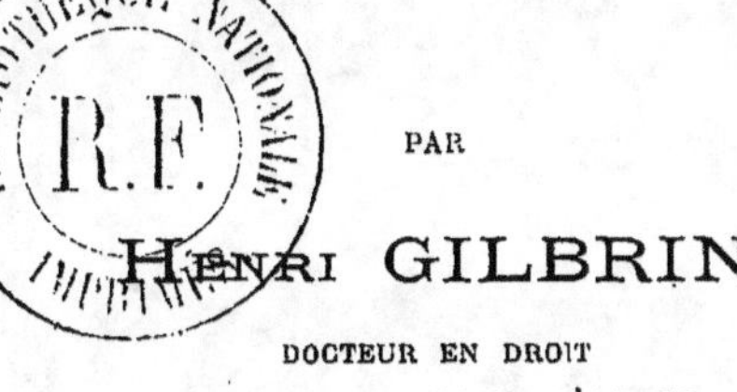

Henri GILBRIN

DOCTEUR EN DROIT

AVOCAT A LA COUR D'APPEL

PARIS

LIBRAIRIE NOUVELLE DE DROIT ET DE JURISPRUDENCE

ARTHUR ROUSSEAU, ÉDITEUR

14, RUE SOUFFLOT, ET RUE TOULLIER, 13

1884

ESSAI
SUR LA CONDITION JURIDIQUE
DES ALSACIENS-LORRAINS

INTRODUCTION

Nous nous proposons d'examiner sommairement, dans cette étude, les questions de nationalité qu'a soulevées le traité de Francfort. Nous nous attacherons surtout à mettre en relief les points sur lesquels la France et l'Allemagne sont en divergence. Notre but n'est point de le disputer de talent et de recherches avec ceux qui nous précèdent dans l'examen de ce sujet délicat, nous avons uniquement tenu à bien nous pénétrer de dispositions qui intéressent tant de nos compatriotes.

Quelque rigoureuses que soient les conditions du traité le plus désastreux que la France ait signé depuis le traité de Paris, en 1763, nous estimons qu'elles doivent être scrupuleusement respectées ; les conclusions que nous déduirons des textes seront sincères, c'est dire que nous n'apporterons ici ni polémique ni passion.

Du reste, comme le fait remarquer Montesquieu, aucune assimilation n'est possible entre le droit civil et le

droit des gens au point de vue des circonstances précédant
la formation d'une convention. Si, en droit civil, il est
loisible de revenir sur un contrat vicié par la violence, en
droit des gens il en est différemment, et cela tient à ce
qu'aucune autorité supérieure ne peut intervenir : la force
seule domine. Mais pourquoi faire allusion à cette théorie?
Au moment où l'Assemblée nationale, « subissant des conséquences de fait dont elle n'était pas l'auteur » ratifiait
les préliminaires de paix, dans la séance du 2 mars 1871,
quatre généraux commandant nos armées laissaient entrevoir par leur vote qu'une défense prolongée modifierait
peut-être les exigences de l'Allemagne. Nous n'avons pas
à rechercher si un suprême effort devait être tenté, s'il
était encore possible « d'organiser la victoire », mais il
faut admettre, qu'avec les éléments dont on disposait, la
lutte pouvait être continuée et qu'un traité signé à ce moment était librement discuté, librement signé, par la
France qui avait sous les armes près de trois cent mille
hommes tenant depuis plusieurs mois la campagne [1]. Il ne
nous est pas permis d'oublier qu'à de rares intervalles,
grâce à ces troupes improvisées, le voile de deuil qui
semblait s'être étendu sur notre destinée s'est déchiré
pour laisser entrevoir à la France l'auréole de la victoire ;
sans retracer ici ces jours de tristesse et de ruines dont le
souvenir pèse encore sur notre pays, sur sa situation
comme sur nos sentiments les plus intimes, rappelons que
ce n'est qu'après avoir été battus pendant trois ans par
l'armée régulière du Sud que les généraux improvisés du
Nord, les Meade, les Grant, les Sherman ont appris à vain-

---

1. Au 10 février 1871 l'administration de la guerre pouvait mettre en
ligne trois cent mille hommes et 1460 bouches à feu. Voir *La guerre
en province* par Charles de Freycinet (p. 329).

cre à leur tour et récompensé la longue patience de leurs concitoyens.

Le 2 mars 1871, l'assemblée nationale ratifie les préliminaires de paix signés à Versailles le 26 février précédent, en même temps on décide l'ouverture de conférences à Bruxelles pour la discussion du traité définitif, plus tard le siège des conférences fut transporté à Francfort où fut signé le traité (10 mai). Le 11 décembre était conclue une convention additionnelle dont le but était de déduire les conséquences des principes posés dans le traité du 10 mai.

Voilà où gisent les textes que nous étudierons ; toutefois, avant d'aborder leur examen, nous avons à rappeler quelques idées générales sur l'annexion, sur le système qu'il paraît préférable d'adopter pour déterminer les habitants des territoires cédés dont la nationalité se trouve modifiée, sur l'intérêt de la distinction entre les français et les étrangers.

Nous chercherons ensuite à préciser l'époque de la dénationalisation de l'Alsace-Lorraine.

I. — L'idée qui devrait prévaloir est qu'un peuple doit être consulté avant sa séparation de la mère patrie, il faut tenir compte de ses intérêts et de ses aspirations. C'est la France, la première, qui a tenté de faire triompher cette doctrine rationnelle. Qu'il suffise de rappeler que sous la Révolution après la conquête de la Savoie, de la Belgique, de plusieurs provinces rhénanes le gouvernement déclare que les populations seront consultées sur la réunion de leur pays à la France. Nous trouvons l'application de la même idée en 1860 lors de l'annexion de Nice et de la Savoie et en 1861 dans l'acte de cession de Menton et de Roquebrune dont l'art. 1er est ainsi libellé : « Il est entendu que cette réunion sera effectuée sans nulle contrainte de la volonté des populations. » La même clause a figuré dans le traité de Prague relativement au Sleswig mais elle n'a jamais été exécutée et un accord intervenu depuis entre les gouvernements considère cette clause comme non avenue. Lors de la réunion de la Vénétie au royaume d'Italie, les populations ont été appelées à se prononcer.

Dans l'antiquité, les agissements du vainqueur différaient sensiblement, aussitôt la victoire, aussitôt le massacre. Cependant peu à peu les mœurs s'adoucissent, la situation des vaincus s'améliore : « Ecoutons le vaincu auquel Rome fait grâce de la vie, on lui fait prononcer la formule suivante : « Je donne ma personne, ma ville, ma terre, l'eau qui y coule, mes dieux termes, mes temples, mes objets mobiliers, toutes les choses qui appartiennent aux dieux je les donne au peuple romain [1]. »

Tant que dura la République, il ne vint à l'esprit de personne que les Romains et les autres peuples pussent former une nation ; Rome ne pouvait pas assimiler toute une population étrangère à sa population, tout un territoire à son territoire. Lors donc qu'un peuple était assujetti il n'entrait pas dans l'état romain, *in civitate*, mais seulement dans la domination romaine *in imperio*. Rome ne connaissait que deux sortes de lien, la sujétion ou l'alliance.

Les *dediti* avaient renoncé non seulement à leur gouvernement municipal mais encore à tout ce qui s'y rattachait, c'est-à-dire à leur religion et à leur droit privé ; leur ville pouvait rester debout, mais leur cité avait péri ; s'ils continuaient à vivre ensemble c'est sans avoir ni institutions, ni lois, ni magistrats.

D'autre part étaient les alliés (*socii*) qui continuaient à

---

1. Fustel de Coulanges — *La cité antique*, p. 245.

avoir, dans chaque ville une constitution propre, des magistratures, un sénat, un prytanée, des lois, des juges, mais ces villes qu'on appelait libres recevaient des ordres de Rome, obéissaient aux proconsuls et payaient des impôts aux publicains ; leurs magistrats rendaient leurs comptes aux gouverneurs de la province qui recevaient aussi les appels de leurs juges. Les institutions municipales périssaient aussi bien chez les peuples qu'on appelait alliés que chez ceux qu'on appelait sujets ; il y avait seulement cette différence que les premiers en gardaient encore les formes extérieures [1].

II. — Quelle que soit la manière dont ait lieu l'annexion, il importe de savoir quels sont les individus dont la nationalité se trouve modifiée : on peut se placer à différents points de vue et considérer soit le domicile soit l'origine ou exiger ces deux conditions réunies. L'origine est facilement déterminable grâce aux registres de l'état civil qui procurent un moyen facile de connaître les personnes dont le statut est atteint par la cession. Quant au domicile qu'il faut prendre soin de ne pas confondre avec la résidence (car logiquement les conséquences de la cession ne peuvent porter sur une personne résidant tout à fait accidentellement dans la province détachée), nous estimons qu'il répond à une idée plus juste que l'origine ; il est plus naturel, en effet, de réclamer pour sujets du vainqueur ceux qui sont établis sur le sol cédé que ceux qui y sont nés, et ont pu l'abandonner depuis fort longtemps. De plus le domicile présente encore cet avantage de prévenir les réclamations ultérieures puisque les domiciliés

1. Op. cit. 441 442. (passim) 443.

peuvent être informés plus facilement que les originaires des modifications que subit leur statut.

Cette question délicate fait l'objet de vives controverses : M. Louis Renault propose la distinction suivante. 1° si le territoire annexé constitue une nationalité distincte, ayant une certaine autonomie, comme cela s'est présenté pour le Hanovre incorporé à la Prusse en 1866, pour les peuples de la péninsule italique rattachés à l'Italie, ou pour la Belgique en 1792 qui appartenait, il est vrai, à l'Autriche, mais avait cependant une certaine indépendance, l'annexion sans aucun doute produit ses effets à l'égard de tous les naturels du pays annexé. Tous ceux qui, d'après la législation en vigueur dans le pays incorporé, se trouvaient rattachés à ce pays, deviennent les ressortissants de l'état annexant. Dès lors il est équitable de laisser à ces sujets sinon la faculté de conserver leur ancienne nationalité qui a disparu, du moins la liberté de décliner la nouvelle nationalité et d'en acquérir une autre à leur choix.

2° Si au contraire le territoire annexé fait partie intégrante d'un autre état, comme cela s'est présenté pour le comté de Nice et la Savoie, il est préférable de s'en tenir au domicile, lui seul doit jouer un rôle prépondérant.

M. Cogordan, dans son *Traité de la nationalité*, se range comme nous à cette manière de voir : « si l'on cède un lambeau d'un territoire faisant partie d'un grand état centralisé, il sera logique de prendre les domiciliés puisque ceux-là seuls ont une réelle attache avec le pays cédé. En France par exemple un Strasbourgeois ou un Messin était avant tout un Français. Il paraissait donc bizarre dans la cession de l'Alsace-Lorraine de voir un Alsacien-Lorrain habitant Paris atteint par le traité. »

Une doctrine contraire à la nôtre a prévalu dans le traité

de Turin (24 mars 1860 de même que dans le traité de Francfort (10 mai 1871.)

Dans son article 6 le traité de Turin règle la situation des sujets sardes *originaires* de la Savoie et de Nice *ou domiciliés* dans ces provinces qui veulent rester Sardes; une disposition analogue se rencontre dans le traité du 2 février 1861 (art. 7) portant union de Menton et de Roquebrune à la France par le prince de Monaco.

La Savoie et Nice faisant partie intégrante du royaume sarde, il n'y avait pas de nationalité savoisienne ou niçoise, le seul fait d'être né en Savoie ou dans le comté de Nice ne devait avoir par lui-même aucune influence et les Sardes domiciliés sur ces territoires auraient seuls dû être atteints par le traité.

Certains publicistes, enfin, sont d'avis qu'il est préférable de s'attacher au double lien de l'origine et du domicile; pendant quelque temps on a pensé que cette dernière opinion avait triomphé dans le traité de Francfort, où il n'est fait mention que d'une seule catégorie de personnes réunissant les deux éléments de fait. Cette opinion appuyée plus sensiblement par le texte allemand que par le texte français a dû être délaissée après la ratification de la convention additionnelle du 11 décembre 1871.

Nous déterminerons ultérieurement plus nettement les personnes dont la nationalité se trouve atteinte par le traité de Francfort, nous tenions à indiquer dès à présent les criteriums auxquels les gouvernements peuvent s'attacher pour les mutations de nationalité.

III. — Il est très important de préciser les individus dont le statut personnel est modifié par un traité; les droits dont jouit un Français sont bien plus étendus que ceux concédés à un étranger et avant d'entrer dans le détail des droits que nous croyons accessibles aux étrangers, disons, que les lois, régissant la perte aussi bien que l'acquisition de la qualité de français font partie intégrante du Code civil et par cela même doivent être interprétées par le pouvoir judiciaire. Les formalités, la publicité, les modes de recours voilà des garanties dont chacun est à même de surveiller l'exécution et qui ne se rencontreraient pas si l'affaire était étudiée administrativement.

Si le Français jouit des droits politiques, l'étranger se les voit dans tous les cas absolument refuser. C'est ainsi qu'il ne saurait prendre part aux élections, soit pour les conseils communaux et départementaux, soit pour les assemblées souveraines, ni être admis au service militaire. La loi du 3 décembre 1849 lui est applicable, et le gouvernement peut l'extrader. A propos de l'extradition, notons une innovation de la loi néerlandaise (6 avril 1875)[1] qui décide art. 16, que l'individu se prétendant néerlandais et comme tel s'opposant à l'extradition sera traduit devant la haute cour, où il sera statué sur sa nationalité. En France les mêmes garanties n'existent pas, c'est au ministère de la justice qu'on se prononce sur la nationalité et par conséquent sur le point de savoir s'il y a lieu d'extrader selon la demande de la puissance étrangère ; depuis quelques années l'intéressé est interrogé par le procureur de la République et le Sénat est entré dans cette voie de réforme en votant une loi ordonnant que la chambre des mises en accusation statue en audience publique sur ces difficultés.

Un étranger ne pourrait se faire immatriculer dans un consulat.

Dans le droit civil plusieurs théories sont en présence

---

1. *Annuaire de la Société de législation étrangère*, 1876, p. 655.

et on discute vivement pour déterminer les droits accordés à l'étranger.

Écartons d'abord les étrangers admis par l'autorisation du gouvernement à établir leur domicile en France, on peut presque les assimiler aux Français, leur état, toutefois, et leur capacité sont encore régis par les lois de leur pays. Ils ne sont point astreints à fournir la caution *judicatum solvi*, jouissent du bénéfice de l'art. 14 c'est-à-dire peuvent actionner devant un tribunal français les étrangers même pour les obligations par eux contractées en pays étranger envers des français. Nous restons maintenant en présence des étrangers non autorisés à établir leur domicile en France. D'abord certains droits leur appartiennent en vertu d'articles du Code ou de lois postérieures au code ou de traités. Ainsi l'étranger a la jouissance des droits civils accordés aux Français par les traités passés avec la nation à laquelle il appartient, c'est le système de la réciprocité diplomatique, système auquel la loi du 14 juillet 1819 a apporté une grave dérogation en admettant les étrangers comme les Français à acquérir, soit par testament, soit *ab intestat*, sans qu'aucun traité passé avec la nation à laquelle ils appartiennent ait concédé un avantage réciproque. D'autres lois concédent, sans condition de réciprocité diplomatique, la jouissance de certains droits : le droit d'être concessionnaire de mines (loi du 21 avril 1810) art. 14, le droit de propriété industrielle, brevet d'invention (loi du 5 juillet 1844 article 25.) — Marques de fabrique, loi du 26 novembre 1873, art. 9.

En dehors de ces droits spécialement accordés, les étrangers ont-ils encore d'autres droits ? d'après certains auteurs les étrangers n'ont que les droits qui leur ont été expressément ou tacitement accordés. (Demolombe I. n⁰ˢ 240 et suiv.).

D'après d'autres, ils ont tous les droits civils excepté ceux qui leur ont été expressément refusés [1].

Nous pensons avec la jurisprudence qu'il y a des droits dont les étrangers jouissent sans concession, ce sont ceux qui sont basés sur le droit naturel (en ce sens Aubry et Rau I, § 78). Citons un arrêt de la cour de Cassation qui établissant une jurisprudence nouvelle « attendu que la tutelle et la subrogée tutelle déférées aux ascendants dérivent, comme la puissance paternelle, du droit naturel de protection et de la surveillance qui leur appartient sur leurs enfants et descendants », a permis à un étranger d'être tuteur. (Cass. ch. civile, 16 février 1875.)

Sans vouloir approfondir ces théories sur lesquelles nous avons appelé l'attention pour montrer l'intérêt de la distinction entre les Français et les étrangers, rappelons que depuis longtemps l'usage s'est introduit lors du démembrement d'un pays de permettre aux habitants de conserver leur nationalité. Aujourd'hui la doctrine et la pratique sont d'accord, aux XVIIe et XVIIIe siècles on fixait un délai pendant lequel on pouvait émigrer ; l'émigration emportait conservation de l'ancienne nationalité.

Dans l'histoire contemporaine indépendamment du traité de Turin et du traité de Francfort, sur lesquels nous reviendrons en détail, où le droit pour les habitants de conserver leur nationalité est formellement proclamé, nous voyons le traité provisoire de San-Stephano, 19 février 1878 et le traité de Constantinople 8 février 1879 souscrire l'un et l'autre à cette même idée.

« Les habitants des localités cédées à la Russie qui voudraient fixer leur résidence hors de ces territoires seront

---

1. En ce sens, Demangeat, *Histoire de la condition des étrangers,* n° 56. — Valette, *Explication sommaire du Code civil,* liv. I, p. 407.

libres de se retirer en vendant leurs propriétés immobi-
lières, un délai de trois ans leur sera accordé à cet effet à
partir de la ratification du présent acte. Passé ce délai les
habitants qui n'auraient pas quitté leur pays et vendu leurs
immeubles resteront sujets russes, » Cette clause contrai-
gnant les habitants à vendre leurs immeubles ne figure
plus dans les traités modernes et ne s'explique ici que par
des conditions particulières aux territoires cédés.

Le système d'option résultant de l'émigration est encore
le seul applicable aujourd'hui lorsqu'un État est complètement absorbé par un autre État, il faut accorder un délai
suffisant aux habitants pour leur permettre de décliner la
nationalité de l'état vainqueur dans le cas où ils considé-
reraient le rôle de sujets de cet état comme incompatible
avec leurs intérêts et leurs aspirations.

Sous la Révolution on procède ainsi lors de l'absorption
de la république de Mulhouse et de la république de
Genève, mais cela se présente rarement, la plupart du
temps une province est détachée d'un État, le droit d'option
s'exerce alors sans difficulté entre les deux nationalités.
A l'émigration effective, les traités modernes exigent en
général qu'on joigne une déclaration faite devant l'autorité.

IV. — Il nous reste à rechercher l'époque de la dénationalisation de l'Alsace-Lorraine dont la conséquence est la
dénationalisation des Alsaciens-Lorrains.

L'occupation par une armée ennemie ne fait pas perdre
à la partie du territoire ainsi occupée la qualité de territoire français, cette formule empruntée à la jurisprudence
est admise sans débat et il n'y a pas lieu de se préoccuper
si en vertu d'un prétendu droit de conquête, l'envahis-
seur a exercé soit l'autorité législative. soit l'autorité judiciaire. L'Allemagne du reste reconnaît que la prise de pos-

session ne coïncide pas avec la dénationalisation puisqu'elle a autorisé les Alsaciens-Lorrains à envoyer des représentants à l'assemblée nationale de Bordeaux.

Deux opinions restent en présence, l'une et autre étayées par des arguments plausibles.

Doit-on fixer au 2 mars, la date de la loi ayant ratifié les préliminaires de paix signés à Versailles le 26 février précédent? En ce sens on trouve un rapport de comptabilité soumis le 1er mars 1875 au Président de la République au sujet de l'emploi des offrandes nationales et qui porte à la colonne des dépenses un paragraphe ainsi conçu : « arrérages payés pour la période écoulée du 5 septembre 1870 au 2 mars 1871, date de leur changement de nationalité, aux Alsaciens-Lorrains titulaires de compléments de pensions [1].

La cession ajoute-t-on est une des conditions principales de la cessation des hostilités et, du moment où elle a été consentie, c'est qu'il était reconnu par la France que le traité intervenant postérieurement confirmerait nécessairement cet état de choses, de plus, d'après l'article 2 de la convention additionnelle ; l'Allemagne est subrogée dans les charges de la France à partir du 2 mars 1871. Ajoutons enfin que l'Allemagne considère cette même date comme celle de l'annexion des provinces qui lui ont été cédées [2].

Nous ne nous rallierons pas à cette opinion appuyée cependant par des autorités imposantes ; les préliminaires de paix servent à édifier la paix définitive, leur état est purement transitoire et ils ne deviennent irrévocables que lorsqu'une seconde convention intervenant ultérieure-

---

1. Voir *Journal officiel* du 12 juillet 1875.
2. En ce sens, M. Renault à son cours.

ment transforme ce projet en traité définitif. A notre tour
recourons à la convention additionnelle elle va nous fournir un texte qui nous paraît décisif.

L'art. 3 est ainsi conçu : « il est entendu : 1° que tout
jugement prononcé par les tribunaux français entre citoyens français et ayant acquis l'autorité de la chose jugée
avant le 20 mai 1871 sera considéré comme définitif et
exécutoire de plein droit dans les territoires cédés. » Au
paragraphe 6 du même article et dans l'article 7 nous
voyons qu'il est fait allusion à la même date. De ces textes
où se trouve fréquemment répétée cette date, extrayons
la pensée des négociateurs. Le pouvoir judiciaire, comme
on le sait, est exercé par délégation d'un état souverain,
or si les jugements émanés de fonctionnaires français sont
déclarés exécutoires de plein droit dans les territoires cédés, c'est donc que l'Allemagne reconnaît jusqu'à cette
époque l'existence d'une souveraineté à laquelle elle suc-
cède. C'est à cette date du 20 mai 1871 que la Cour de
cassation dans des arrêts, où elle n'examine la question
que subsidiairement, place la séparation de l'Asace-Lor-
raine de la mère patrie.

Voir arrêt de la chambre civile, 22 janvier 1872 ; et
arrêt de la chambre criminelle, 8 juin 1871.

CHAPITRE PREMIER

Les plénipotentiaires français avaient obtenu dans les
préliminaires de paix signés le 26 février et ratifié le
2 mars l'insertion d'une formule assez vague sur la nationalité : « les intérêts des habitants des territoires cédés
par la France en tout ce qui concerne leur commerce et
leur droit civil seront réglés aussi favorablement que possible, lorsque seront arrêtées les conditions de la paix
définitive. Le gouvernement allemand n'apportera aucun
obstacle à la libre émigration des habitants des territoires
cédés, et ne pourra prendre contre eux aucune mesure
atteignant leurs personnes ou leurs propriétés ». C'est par
le traité de Francfort signé le 10 mai 1871 que la question
de nationalité devait être tranchée (art 2). Des modifications y ont été apportées par la convention additionnelle
du 11 décembre 1871.

Conformément à la théorie que nous avons adoptée,
les négociateurs français avaient proposé de s'en tenir au
domicile pour déterminer les personnes dont la nationalité
allait se trouver atteinte ; suivant eux, devenaient Allemands par suite du traité, les français habitant les terri-

toires cédés au moment de l'annexion. L'Allemagne au contraire repoussait cette manière de voir et soutenait que sous l'indigénat français existait un indigénat spécial alsacien-lorrain en s'appuyant soit sur des souvenirs prétendus historiques, soit sur la situation des états de la confédération germaniqne.

Voici le texte de l'article 2 du traité du 10 mai : « Les sujets français originaires des territoires cédés, domiciliés actuellement sur ce territoire qui entendront conserver la nationalité française jouiront jusqu'au 1er octobre 1872 et moyennant une déclaration préalable faite à l'autorité compétente de la faculté de transporter leur domicile en France et de s'y fixer, sans que ce droit puisse être altéré par les lois sur le service militaire, auquel cas la qualité de citoyen français leur sera maintenue.

Ils seront libres de conserver leurs immeubles sur le territoire réuni à l'Allemagne. »

On indique implicitement ceux qui changent de nationalité en désignant ceux qui peuvent conserver la nationalité française.

Cette disposition paraît formelle et n'imposer l'obligation d'opter pour conserver la nationalité française qu'aux sujets français originaires des territoires cédés et domiciliés actuellement en Alsace-Lorraine sans y astreindre les originaires non domiciliés et les domiciliés non originaires. Cette interprétation paraît encore plus conforme à la pensée des plénipotentiaires si l'on prend soin de rapprocher la disposition, dont nous venons de rapporter le texte, de l'article 6 du traité de Turin ; on y constatera une différence essentielle « les sujets sardes originaires de l'arrondissement de Nice et de la Savoie *ou* domiciliés actuellement dans ces provinces », il s'agit ici de deux catégories de personnes : les Sardes originaires de Savoie ou de Nice sans y être domiciliés, les Sardes domiciliés en Savoie ou à Nice sans en être originaires. Dans le traité de Francfort il n'est questionque d'une seule classe d'individus réunissant les deux éléments de fait, le domicile et l'origine. La suppression de la conjonction *ou* dans le traité de Francfort par les négociateurs qui avaient nécessairement sous les yeux le texte du traité de Turin dénote clairement une idée d'innovation.

Cette opinion a triomphé pendant quelque temps en France, mais l'Allemagne n'a pas tardé à émettre des prétentions contraires qu'elle a fait insérer partiellement dans la convention additionnelle du 2 décembre.

Nous allons, dans deux sections distinctes, examiner la condition des originaires et celle des domiciliés — si sur un point spécial nous connaissons la jurisprudence allemande nous aurons soin de la mettre en lumière surtout si elle vient contrarier les doctrines reçues en France.

SECTION I. — Les originaires.

On avait d'abord soutenu que tous les originaires n'étaient pas atteints par le traité; mais aujourd'hui aucune hésitation n'est plus permise en présence des termes de l'article 1er de la convention additionnelle qui règle le délai de l'option pour les originaires d'Alsace-Lorraine résidant hors d'Europe. « Pour les individus originaires des territoires cédés qui résident hors d'Europe, le terme fixé par l'article 2 du traité de paix pour l'option entre la nationalité française et la nationalité allemande est étendu jusqu'au 1er octobre 1873. L'option résultera pour ceux de ces individus qui résident hors d'Allemagne d'une déclaration faite, soit aux maires de leur domicile en France, soit devant une chancellerie diplomatique ou consulaire française ou de leur immatriculation dans une de ces chancelleries. »

On s'est demandé si les négociateurs n'avaient point outrepassé leur mandat en consentant à étendre le nombre des individus dont la nationalité se trouve modifiée ; leur rôle devait se borner à déduire les conséquences du traité principal et à résoudre certaines questions de forme et de compétence. Quoiqu'il en soit, cette convention ayant été ratifiée par l'Assemblée nationale va nous servir à préciser les personnes atteintes par le traité. D'après l'article, le domicile est indifférent. Il est impossible d'en resteindre l'application aux individus ayant leur domicile en Alsace-Lorraine et résidant ailleurs, car nulle trace de cette distinction n'apparaît dans l'exposé des motifs, ni dans le rapport de M. le comte d'Harcourt, à la suite desquels la convention additionnelle a été promulguée le 26 janvier 1872.

Du reste laissons au garde des sceaux le soin d'esquisser la théorie découlant de la convention et qu'il fait connaître aux préfets par une circulaire du 30 mars 1872.

« On avait d'abord, écrit M. Dufaure, donné une interprétation restrictive à cette disposition et l'on avait conclu, des termes mêmes du traité, que la nécessité d'une déclaration n'était imposée qu'aux habitants des territoires cédés qui non seulement étaient originaires de ces territoires mais encore y étaient domiciliés au moment de l'annexion. Le doute aujourd'hui n'est plus permis, l'art 1er de la convention additionnelle de Francfort a eu précisément pour objet de régler la condition des Alsaciens-Lorrains qui originaires des provinces cédées n'y sont pas domiciliés. Il en résulte que tous ceux qui sont nés dans les territoires cédés, quels que soient leur âge, leur sexe et leur domicile, sont tenus de faire une déclaration s'ils entendent conserver la qualité de Français ; à défaut de cette déclaration dans les délais prescrits, ils seront considérés comme Allemands. Au contraire tous ceux qui ne sont pas nés dans ces territoires n'ont aucune déclaration à faire et sont Français de plein droit. »

Remarquons sur ce dernier point que, d'après le traité primordial et la convention additionnelle, aucun doute n'était possible sur la situation des simples domiciliés ; pour perdre la nationalité française il fallait une manifestation de leur volonté ou un fait emportant légalement déchéance, nous verrons plus loin que cette dernière illusion ne devait pas être de longue durée.

Dans la séance de la conférence de Francfort du 19 octobre 1871 monsieur de Clerq, plénipotentiaire français, demanda aux Allemands de définir ce que leur gouvernement entendait par « originaire » ; il désirait que ce terme fût considéré comme ne s'appliquant qu'à l'individu né en Alsace-Lorraine de parents Alsaciens-Lorrains eux-mêmes.

Les plénipotentiaires allemands refusèrent de se ranger à cet avis et de donner aucune explication malgré les demandes réitérées qui leur furent faites. Plus tard, seulement, dans la séance du 7 novembre ils se bornèrent à répondre que l'ambassadeur d'Allemagne à Paris ferait directement connaître au gouvernement français la manière de voir du cabinet de Berlin. C'est dans une lettre adressée par M. le comte d'Arnim envoyé extraordinaire d'Allemagne, à M. de Remusat ministre des affaires étrangères, que le gouvernement allemand révèle, le 18 décembre 1871 ce que l'Allemagne comprend sous la dénomination « d'originaires », « en réponse à la question que vous m'avez fait l'honneur de m'adresser au sujet des personnes que le traité de paix désigne comme originaires des territoires cédés, je m'empresse de vous informer que le gouvernement impérial considérera comme originaires de l'Alsace-Lorraine tous ceux qui sont nés dans ces territoires, » et monsieur de Remusat acquiesce à cette déclaration du gouvernement allemand (Voir lettre du 29 décembre 1871). « Répondant aux questions que j'avais eu l'honneur de vous adresser au sujet de la définition du terme originaire des territoires cédés, employé dans les conventions entre la France et l'Allemagne, vous voulez bien me faire savoir que votre gouvernement considérera comme originaires de l'Alsace-Lorraine tous ceux qui sont nés dans ces territoires. Je m'empresse de vous remercier de cette communication qui est destinée à résoudre de nombreuses difficultés pratiques [1]. »

Sont atteints par le traité les individus nés sur les territoires cédés qui étaient Français au 20 mai 1871. Examinons à ce sujet deux hypothèses dont la solution n'offre pas grande difficulté. Si un individu né à Strasbourg d'un étranger était devenu Français postérieurement au 20 mai 1871 par application de l'article 9 du Code civil serait-il atteint par le traité?

Non, car le traité n'a pu lui enlever une qualité qu'il n'avait pas encore. Mais il est plus délicat de statuer sur la condition d'une personne née dans les territoires cédés de parents étrangers, si elle a quitté l'Alsace-Lorraine pour venir habiter une autre partie de la France où elle a fait la déclaration de l'article 9 antérieurement à l'annexion? Nous admettons, comme on le verra plus loin dans les modes d'acquisition de la qualité de français la retroactivité de la déclaration, et par conséquent astreignons cette personne à accomplir les prescriptions récla-

---

1 Voir Dalloz, P. 1872. 3. 25.

mées par le traité si elle veut conserver la nationalité française.

En résumé, est atteint dans sa nationalité tout Français né dans les territoires de l'Alsace-Lorraine cédés à l'Allemagne par le traité du 10 mai 1871 ; il doit, pour conserver la qualité de Français, faire une déclaration d'option alors même qu'il aurait cessé d'être domicilié dans ces territoires au moment de l'annexion.

SECTION II. — Des domiciliés.

Dans l'exposé des motifs du projet de loi portant approbation de la convention additionnelle, M. Thiers rappelle que nos plénipotentaires avaient voulu que l'on s'attachât au domicile pour déterminer les Français dont la nationalité allait se trouver modifiée, c'est un fait positif, facile à déterminer et c'est le critérium qui paraissait devoir être adopté dans la circonstance. Mais cette opinion a été repoussée par l'Allemagne qui s'est attachée de préférence à l'idée plus vague de l'origine. De tous les textes cités jusqu'ici aucun ne fait allusion aux simples domiciliés ; nous n'avons qu'un procès-verbal de la séance du 6 juillet 1871 où les plénipotentaires français demandèrent aux plénipotentaires allemands, si les domiciliés non originaires étaient dispensés de l'option. Il leur fût répondu qu'ils étaient considérés comme Français sans que l'option leur fût imposée.

Cependant la presse allemande avait critiqué la circulaire adressée le 30 mars par M. Dufaure aux préfets où il était dit « que tous ceux qui n'étaient pas nés dans les territoires cédés n'avaient aucune déclaration à faire et restaient Français de plein droit ». Les publicistes allemands soutenaient que les domiciliés comme les origi-

naires étaient atteints par le traité et ils argumentaient de
M. Demolombe établissant qu'il est préférable de s'attacher au domicile pour apprécier le changement de nationalité ; argument qui n'a point de valeur car M. Demolombe se place dans l'hypothèse « où il y a pas de disposition
écrite et cherche, au moyen des principes généraux, la
solution à adopter ».

La chancellerie fédérale n'avait cependant point protesté
contre les termes de la lettre de M. de Rémusat (29 décembre 1871), termes si formels qu'ils semblaient exclure toute
équivoque : « Je m'empresse de vous remercier de cette
communication... dont il résulte que les individus qui ne
sont pas natifs des territoires cédés ne seront plus astreints à faire une déclaration d'option pour conserver
leur nationalité française quoiqu'ils puissent être issus de
parents nés en Alsace-Loraine ou qu'il restent eux-mêmes
en ce pays. »

Et M. le comte d'Harcourt (rapport du 6 janvier 1872)
prévient l'Assemblée « que les individus qui ne sont pas
nés en Alsace-Loraine y fussent-ils même domiciliés, seront considérés comme Français sans être astreints à
faire une déclaration. Les négociateurs allemands l'ont
admis dans la première conférence de Francfort. »

Mais les populations paraissaient deviner les nouvelles
exigences de l'Allemagne et le gouvernement français
était vivement sollicité de fournir des explications qui
permissent à chacun de régler sa situation.

C'est seulement le 14 septembre 1872, que le *Journal
officiel* se décide à constater des dissentiments persistants
au sujet de l'état des habitants des provinces cédées qui
n'y sont point nés, « le gouvernement allemand soutient
que tous les domiciliés, qu'ils soient ou non nés dans les
territoires cédés, sont obligés pour conserver la nationalité

Française de transférer leur domicile en France avant le
1ᵉʳ octobre 1872. »

M. le comte d'Arnim, dans une dépêche du 1ᵉʳ septembre,
avait exprimé ainsi l'opinion définitive de son gouvernement : « le gouvernement impérial a estimé dès le principe
que, par le fait même de la cession de l'Alsace et de la
Lorraine à l'Allemagne, ses habitants de nationalité française devenaient Allemands sans que cet effet dût même
être expressément constaté dans le traité de paix, et l'article 2 n'a eu à ses yeux d'autre sens ni d'autre but que de
fixer les conditions par l'observation desquelles une certaine catégorie d'habitants pourrait se soustraire à cette
conséquence naturelle de la cession. En exigeant de ces
derniers une déclaration formelle d'option en faveur de la
France et la translation de leur domicile effectif, il n'a cependant pas entendu dispenser de toute formalité une autre catégorie de personnes qui devenues elles aussi allemandes par suite de la cession du pays, désireraient revendiquer leur ancienne nationalité. »

La surprise fut d'autant plus grande que jusque-là la
confiance n'avait guère été ébranlée, il restait quinze jours
seulement aux personnes que visait le *Journal officiel*
pour effectuer le transport de domicile qui devait, aux
yeux de l'Allemagne leur conserver la qualité de Français.

Cette communication tardive est une des raisons qui
nous déterminent à admettre l'application de l'art. 18 pour
le recouvrement de la qualité de Français par les Alsaciens-
Lorrains.

L'Allemagne a exigé pour que les simples domiciliés
restassent Français un transfert de domicile en France
sans déclaration préalable d'option ; la doctrine allemande
prend corps dans une circulaire du 7 mars 1872 de M. de
Mœller, président supérieur d'Alsace-Lorraine. « Sont

soumis à la déclaration d'option : 1° les natifs domiciliés, au 2 mars 1871 (date reconnue par l'Allemagne comme celle de l'annexion) et 2° les originaires non domiciliés. Ces deux catégories de personnes doivent en outre émigrer. Quant aux simples domiciliés, aucune déclaration n'est réclamée, mais l'émigration est exigée. »

Nous ne considérons pas comme ayant cessé d'être Français par le seul effet du traité, les habitants des territoires cédés qui, sans y être nés, ont continué à y résider depuis l'annexion.

Ils ont pu depuis cette époque perdre la qualité de Français mais seulement par application du droit commun, c'est-à-dire dans les termes des articles 17 et 21.

Ce que l'on doit reprocher à l'Allemagne, c'est l'incertitude dans laquelle ont été laissés si longtemps les intéressés, et le gouvernement français de son côté n'aurait point dû tant tarder à faire connaître les divergences qui existaient entre les deux gouvernements, divergences publiées seulement au moment où beaucoup de personnes étaient dans l'impossibilité d'accomplir les prescriptions qui devaient assurer le maintien de leur ancienne nationalité.

CHAPITRE II

Nous venons d'indiquer les personnes dont la nationalité se trouve atteinte par le traité, nous avons à rechercher maintenant les moyens mis à leur dispositon pour conserver la qualité de Français.

Comme dans le chapitre précédent, il faudra distinguer entre les originaires et les simples domiciliés ; les uns ayant à remplir une double formalité, faire une déclaration et émigrer, les autres n'ayant qu'à transporter leur domicile hors de l'Alsace-Lorraine.

C'est à la loi française qu'il faut se référer pour apprécier l'état et la capacité des personnes quant à l'exercice du droit d'option ; c'est le Code civil qui détermine le statut personnel des Alsaciens-Lorrains.

SECTION I. — Les originaires.

Nous avons rappelé dans le chapitre préliminaire les innovations du droit moderne en ce qui concerne la faculté accordée aux habitants des territoires cédés de se soustraire à la nationalité du vainqueur. L'article 2 du traité de Francfort faisant application de cette théorie subordonne le maintien de la nationalité française pour les originaires des territoires cédés à une option régulièrement faite. L'option se compose de deux éléments distincts : 1° une déclaration devant l'autorité désignée par les actes internationaux ; 2° un transport effectif du domicile en France. La déclaration d'option est faite à Metz et à Strasbourg en présence des directeurs de la police ; ailleurs, les directeurs d'arrondissement reçoivent les déclarations des individus placés sous leur juridiction.

C'est muni des pièces établissant son état civil et celui des personnes au nom desquelles il agit, que se présente le déclarant. Les pièces examinées, les renseignements verbaux appréciés, la déclaration est inscrite sur un registre et on remet à l'intéressé une ampliation rédigée en allemand et en français.

En France la circulaire du 30 mars 1872, détermine les formalités : « Quant aux Alsaciens-Lorrains qui résident en France, le maire de leur résidence est aux termes de la convention additionnelle le seul fonctionnaire qui ait qualité pour recevoir les déclarations. Les déclarations seront inscrites sur papier libre et ne devront donner lieu à aucun frais. Afin de simplifier autant que possible les formes et de rendre l'exécution plus rapide, j'ai pensé qu'il suffirait de les consigner sur des feuilles imprimées à l'avance contenant une double formule de déclaration, l'un de ces doubles sera remis au déclarant, l'autre devra m'être transmis par votre intermédiaire ; les déclarations seront centralisées au ministère de la justice pour assurer l'exécution de la disposition finale de l'art. 1er de la convention additionnelle aux termes de laquelle le gouvernement français doit notifier au gouvernement allemand les listes nominatives des déclarants. Enfin les déclarations doivent être insérées au bulletin des lois afin de les mettre à l'abri

de toute éventualité de destruction et de permettre aux
intéressés de trouver facilement le titre de leur nationalité. »

Des instructions similaires ont été adressées aux chancelleries diplomatiques et consulaires (voir circulaire du
ministre des affaires étrangères du 4 avril 1872), et on
admet que l'immatriculation équivaut à une déclaration
d'option.

La déclaration doit être faite dans un délai strictement
limité, avant le 1er octobre 1872 pour les Alsaciens-Lorrains résidant en Europe, et ceux qui résident hors d'Europe, jouissent d'une prorogation d'un an, c'est-à-dire
jusqu'au 1er octobre 1873 ; mais la déclaration ne suffit pas
pour la conservation de la qualité de Français par les Alsaciens-Lorrains tout à la fois originaires et domiciliés en
Alsace-Lorraine il faut que cette déclaration soit accompagnée d'un transport effectif du domicile en France. L'émigration voilà ce qui vivifie la déclaration qui sans elle n'est
qu'une manifestation plus ou moins patriotique ; seule
l'émigration indique une volonté suffisamment réfléchie et
bien arrêtée de ne pas accepter la nationalité allemande,
chez ceux qui abandonnent un pays où ils gardent de
chères affections, où se concentrent les souvenirs de plusieurs générations.

L'Allemagne après avoir exigé que le domicile fût transporté en France a bientôt abandonné cette exigence et a
reconnu la validité du transfert dans tout autre pays, par
exemple en Suisse, aux États-Unis.

Il est facile de prouver la réalité de l'émigration ; pour
les industriels, les négociants, aucune difficulté, pour
d'autres habitants dont les attaches avec le pays sont
moins sensibles il suffit de produire soit un certificat de
maire français, soit même une quittance de loyer.

Les options reçues par les autorités françaises, contrôlées au ministère de la justice et inscrites au *Bulletin des lois* sont au nombre de 378,777, celles reçues par les autorités allemandes et régulièrement notifiées au gouvernement français atteignent le chiffre de 159,740 soit en tout 538, 517 options sur 1,517,494 habitants.

Différentes personnes après avoir fait leur déclaration et s'être établies momentanément en France, se sont installées de nouveau en Alsace-Lorraine. Que faut-il penser de la validité de leur option ? N'hésitons pas à admettre qu'un des deux éléments de l'option fait ici défaut et que par conséquent l'option n'est point valable. Ce n'est point une élection de domicile que le traité exige de ceux qui tiennent à conserver la nationalité française, c'est un domicile réel, effectif. L'Allemagne a partagé cette manière de voir et elle l'a appliquée avec beaucoup de sévérité, plus de cent mille options ont été annulées de ce chef et le retour prématuré des Alsaciens-Lorrains était interprété comme une présomption que l'option n'était pas sérieuse.

On a lieu toutefois de s'étonner de la procédure suivie en cette circonstance; notre Code civil étant encore en vigueur en Alsace-Lorraine, les tribunaux judiciaires seuls auraient dû être compétents pour statuer sur les questions de nationalité ; c'était au contraire l'autorité administrative d'après des enquêtes faites par des agents subalternes de la police qui prenait sur elle d'annuler les options. Nous n'avons point à tenir compte de ces annulations d'autant moins que plusieurs fois les tribunaux allemands n'ont pas hésité à considérer comme parfaitement valables certaines options infirmées par l'autorité administrative.

On invitait les personnes dont l'option était considérée comme viciée à venir la retirer, et pendant quelque temps cette invitation était sanctionnée pas des déchéances atteignant ceux qui n'y répondaient pas ; c'est ainsi que dans la période s'étendant du 24 janvier 1873 au 28 avril 1876 toutes ces personnes n'avaient ni le droit d'électorat ni le droit d'éligibilité.

Si les tribunaux français avaient à se prononcer sur des options faites en Allemagne d'après quelles règles devraient-ils se guider ?

Pour ce qui est relatif à l'état et à la capacité, c'est de la loi française qu'il faut s'inspirer, c'est au contraire la loi allemande qu'il faudrait consulter s'il s'élevait des difficultés concernant la forme des actes.

On s'est demandé quelle devrait être la situation de personnes qui ayant régulièrement opté, c'est-à-dire ayant rempli les deux conditions de transfert de domicile et de déclaration étaient revenues momentanément dans les pays annexés ? Ces personnes, à notre avis, conservent la qualité de Françaises, à moins qu'elles ne se mettent dans un des cas de déchéance prévus par les art. 17 et 21 du C. civ. M. le comte d'Harcourt s'est exprimé ainsi dans son rapport sur le projet de loi portant approbation de la convention additionnelle : « quelques personnes ont exprimé la crainte que les individus qui opteraient pour la nationalité Française et transporteraient leur domicile en France n'éprouvassent ensuite des difficultés pour rentrer dans les provinces cédées, ou du moins ne fussent assujettis à certains délais. Nous croyons pouvoir les rassurer à cet égard, car les plénipotentaires allemands ont affirmé que ces individus seraient libres d'entrer sur le territoire allemand et de s'y fixer au même titre que tout autre étranger [1]. »

L'Allemagne a annulé beaucoup d'options, alors que les optants, au lieu de revenir précipitamment après avoir fait

____

1. Voir *Recueil des actes relatifs au traité de Francfort*, t. II, p. 198.

une sorte de simple élection de domicile en France, y avaient en réalité fixé leur principal établissement.

La seule mesure logique qu'elle pouvait prendre était de recourir à l'expulsion de ceux des optants dont la présence était de nature à entretenir une certaine effervescence dans les esprits. C'est aussi l'opinion de M. le ministre des affaires étrangères consulté en 1872 par M. Deschange, député de Meurthe-et-Moselle : « le retour momentané des Alsaciens-Lorrains, dans les pays annexés sans l'autorisation de l'administration allemande ou contrairement aux prescriptions qu'elle aurait édictées à ce sujet peut sans doute exposer les intéressés à des inconvenients plus ou moins graves, mais ne saurait suffire à lui seul pour les priver du bénéfice de la nationalité dont la conservation est garantie par nos traités avec l'Allemagne. »

Nous verrons quand nous étudierons la situation des mineurs que ces annulations dont il n'y a pas lieu de nous préocuper en théorie, ont cependant en pratique une importance considérable, quand elles atteignent des jeunes gens dont les parents ont continué à habiter l'Alsace-Lorraine et qui, par suite, se trouvent simultanément appelés à accomplir leurs obligations militaires en France et en Allemagne. Nous avons employé jusqu'ici le terme d'option malgré son impropriété. Les Alsaciens-Lorains n'ont pas eu à faire choix entre la nationalité française et la nationalité allemande ; cette dernière s'imposait à tous ceux qui ne manifestaient point leur volonté par une déclaration jointe à un émigration effective. Il est cependant une catégorie d'individus pour laquelle le mot option à conservé sa signification ordinaire et s'entend dans le sens de choix, ce sont les soldats et les marins. « S'ils font une déclaration expresse de leur désir de rester Allemands ils sont

immédiatement libérés. » Mais il ne faut pas en conclure
a contrario que les marins et les soldats qui ont laissé
passer le délai légal sans opter pour l'Allemagne sont
restés français.

Une circulaire du ministre de la guerre du 5 septembre 1872, a prescrit aux chefs de corps de congédier à partir du 1ᵉʳ octobre 1872 tous les soldats originaires d'Alsace-Loraine qui n'ont pas expressément opté pour la
nationalité française.

SECTION II. — Des domiciliés.

Les domiciliés ne sont point visés par le traité et si les
Allemands reconnaissent qu'aucune condition de déclaration d'option n'est nécessaire, ils exigent cependant pour
la conservation de la qualité de Français un transport effectif de domicile hors des pays cédés.

Effets de la faculté d'option.

Ceux qui ont usé régulièrement de la faculté qui leur
était conférée par le traité de conserver la nationalité française moyennant l'observance de certaines prescriptions
doivent être considérés comme ayant toujours été français. Cette condition, qu'elle soit considérée comme sus-
pensive ou comme résolutoire a toujours un effet retroac-
tif. Quant à ceux qui n'ont pas opté, ou, ce qui revient au
même, ont opté irrégulièrement, après le délai ou devant
une autorité incompétente, ils sont Allemands depuis le
20 mai 1871, il n'y a pas lieu de s'arrêter à l'examen des
causes qui ont pu, contre leur volonté, les empêcher de sa-

tisfaire aux exigences du traité ; peut-être le gouvernement pourra-t-il apprécier ultérieurement la valeur des
raisons qu'ils allégueront et admettre plus facilement les
intéressés à recouvrer la qualité de Français grâce à l'article 18.

Il peut être utile après avoir examiné la situation des
Alsaciens-Lorrains, après l'expiration du délai d'option, de
se demander quelle elle était pendant ce délai.

Fallait-il considérer les habitants des pays annexés
comme Français ou comme Allemands ?

Dans le premier protocole de Francfort, les Allemands
ont déclaré que les Alsaciens-Lorrains seraient considérés
comme provisoirement Allemands en s'appuyant sur ce
que le changement de souveraineté doit coïncider avec le
changement de nationalité des habitants.

La jurisprudence française combat cette manière de
voir et nous nous rangeons à son avis ; nous pensons que
les Alsaciens-Lorrains étaient Français sous la condition résolutoire de l'absence de déclaration de leur part en faveur
de leur nationalité d'origine.

Examinons les termes dont se sert fréquemment le traité et sur lesquels insiste un jugement du tribunal de Vesoul en date du 19 juillet 1871 : « Ce sens grammatical des
termes : conserver et maintenir, employés à propos de la
nationalité française dans l'article 2 du traité du 10 mai 1871
et dont la signification est claire et précise, dénote que
dans l'esprit de ce traité la continuation de résidence et
l'absence de déclaration contraire jusqu'au terme fixé par
ledit article doivent seules imposer à ces habitants la nationalité allemande. »

Les expressions de l'article 2 du traité de paix sont tout
à fait favorables à cette doctrine, si par l'effet de ce traité
les habitants des territoires annexés avaient perdu la na-

tionalité française, l'art. 2 aurait dû dire qu'ils pourraient
la recouvrer, tandis qu'il se sert d'expressions impliquant
qu'ils n'ont pas provisoirement perdu leur nationalité.
« Les sujets français qui entendent conserver la qualité
de Français jouiront jusqu'au 1er octobre 1872 et moyennant une déclaration préalable faite à l'autorité compétente
de la faculté de transporter leur domicile en France et de
s'y fixer auquel cas la nationalité française leur sera maintenue. » Il est clair qu'on ne conserve que ce qu'on a encore et qu'une qualité ne peut être maintenue qu'à ceux
qui ne l'ont pas perdue [1].

(Le point soumis à l'appréciation du tribunal était celui
de savoir si un Alsacien-Lorrain demandeur devait être
soumis à la caution *judicatum solvi*).

Il semble aussi que les habitants des territoires cédés
ne sont atteints par la nationalité de l'État cessionnaire que
lorsqu'il y a adhésion de leur part, or l'inobservance des
formalités et conditions exigées pour le maintien de l'ancienne nationalité, voilà la seule manière de manifester
leur adhésion.

Indépendamment du jugement du tribunal de Vesoul,
on peut invoquer également l'autorité de la Cour de Nancy
dont un arrêt en date du 31 juillet 1871 admet que le sujet français originaire d'Alsace-Lorraine et qui y a son
domicile est réputé Français tant que dure le délai fixé pour
l'option en faveur de la nationalité française et par suite
doit être admis à saisir de son action contre un débiteur
étranger le tribunal français dans le ressort duquel a été
conclue la convention dont il poursuit l'exécution.

Si on objecte à notre opinion que les habitants des territoires cédés ont été admis à voter pour les élections mu-

---

1. Voir Sirey, 1871. 2. 129, Note de M. Lyon-Caen.

nicipales, il est facile de répondre : ce n'est point parce qu'ils étaient considérés comme Allemands, mais pour une raison de pur fait : la constitution des municipalités aurait été impossible sans cela.

———————

CAAPITRE III

C'est à propos des incapables que se sont élevées les difficultés les plus sérieuses ; c'est le point le plus délicat de la matière, car il n'a point été prévu, même lorsqu'il y a eu des conventions sur la nationalité.

Le changement de nationalité résultant d'un démembrement de territoire ne suppose pas la volonté des habitants atteints, d'où cette conséquence qu'en principe le changement s'applique aussi bien aux capables qu'aux incapables. Quand un sujet vient solliciter la faveur d'être naturalisé dans un pays, on peut et on doit examiner sa capacité ; il n'en est point de même lors d'un démembrement, seulement dans ce dernier cas lorsque des moyens sont offerts aux intéressés pour sauvegarder leur nationalité d'origine, il y a lieu de rechercher comment les incapables peuvent décliner la nouvelle nationalité.

Nous étudierons dans des sections distinctes la situation des mineurs, des femmes mariées, des autres incapables.

SECTION I. — Des mineurs.

Sur presque tous les points nous rencontrerons une divergence complète entre les théories allemandes et celles

adoptées en France. Lors du traité de Turin 24 mars
1860, des questions de cette nature avaient déjà surgi et il
est très regrettable que les gouvernements n'aient pas établi une doctrine dont les circonstances actuelles devaient
rendre l'adoption d'autant plus facile que la cession
de territoire était faite en pleine paix et par une nation
amie.

Avant d'aborder le traité de Francfort et de consulter
les documents qui nous guideront dans l'exposé que nous
allons faire incessamment, indiquons les différents sys-
tèmes auxquels on peut s'arrêter pour régler la situation
des mineurs lors d'un démembrement.

Le mineur peut être considéré comme tout à fait inha-
bile à choisir sa patrie, soit par quelque intermédiaire
que ce soit, soit par lui-même. Il doit suivre de plein
droit la nationalité de la personne sous la puissance de
laquelle il se trouve. — C'est la théorie de l'administration allemande.

Dans un autre système le représentant légal peut être
subrogé par le mineur pour accomplir les différentes formalités de l'option, il est inutile d'examiner si le représentant légal a opté pour lui-même et les effets de la déclaration se produisent en la personne du mineur absolument
comme si l'intéressé était majeur.

La France adopte cette manière de voir et considère
comme valables les options faites au nom des mineurs par
des représentants qui restent soumis à la nationalité
allemande.

Mais nous préférons nous ranger à l'opinion que les
plénipotentiaires français voulaient faire prévaloir dans
les conférences de Francfort et d'après laquelle les délais
d'option auraient été prorogés jusqu'à la majorité de chaque enfant, c'est à coup sûr ce qui paraît le plus confor-

me au droit moderne, mais il est juste d'ajouter que cette prorogation de délai en faveur de certaines personnes est de nature à entretenir pendant longtemps dans le pays une certaine agitation.

Dans l'exposé des motifs sont constatés les efforts de nos plénipotentiaires pour faire admettre cette proposition. « Nous aurions désiré l'insertion dans la convention d'une réserve particulière en faveur des mineurs, de manière à garantir la liberté de leur choix dans l'année qui suivrait leur majorité. Cette clause eût été en harmonie avec les maximes de notre droit public qui n'admet pas que, dans les questions d'état, le droit personnel acquis à un individu par le fait de sa naissance puisse être modifié en dehors de sa pleine et libre volonté, mais l'Allemagne professe à cette égard des doctrines différentes et notre manière de voir n'a pas prévalu [1]. »

Nous n'avons plus qu'à nous prononcer entre les deux premières théories, et notre hésitation ne sera pas longue si nous prenons soin de rechercher les déclarations faites par les plénipotentiaires allemands pendant la période d'incubation de la convention du 2 décembre.

A la séance du 6 juillet 1871 ils déclarent qu'il n'y a pas de distinction à établir entre les mineurs émancipés et non émancipés et le concours des représentants légaux sera nécessaire pour la déclaration d'option des mineurs ; à la séance du 13 juillet nous trouvons une approbation de cette théorie : « en ce qui touche les mineurs émancipés ou non, les plénipotentiaires allemands confirment leurs précédentes explications. Il n'y a pas lieu de faire entre eux la moindre distinction quant au droit d'option. »

Dans l'exposé des motifs (séance du 20 décembre), on

---

1. Recueil des actes relatifs au traité de Francfort, t. II, p. 190.

voit que le gouvernement français se rallie à cette déclaration : « ce qui ressort des explications échangées avec
les plénipotentiaires Allemands et recueillies dans les
protocoles, c'est que l'option est faite, en ce qui concerne
les mineurs avec l'assistance de leurs représentants légaux,
dans les délais ordinaires. Tels sont les principes qui ré-
gissent désormais une matière d'une importance si capitale
pour les populations intéressées. »

Cette doctrine du reste n'est pas en opposition avec les
principes de notre loi civile puisque l'idée de la repré-
sentation est mise de côté toutes les fois qu'il s'agit d'un
acte nécessitant une expression de la volonté personnelle
par exemple pour le contrat de mariage, pour l'acte de
mariage.

M. Hepp fait observer que les plénipotentiaires allemands, à moins d'avoir complètement méconnu l'importance de la signification de chaque terme, avaient évi-
demment entendu consacrer la possibilité d'une option
personnelle et séparée faite par le mineur et non pour lui
avec la simple assistance de ses représentants légaux [1].

Cette théorie est très rationnelle puisque dans l'autre
système l'incapacité du mineur le met dans une situation
qui le prive d'invoquer les dispositions protectrices du
traité (R. de Cléry).

Voilà donc le droit reconnu, par les déclarations for-
melles des négociateurs allemands et par le gouvernement
français, pour les mineurs de maintenir leur ancienne
nationalité mais de nouvelles difficultés vont surgir.

Comment sera-t-il procédé à ce libre choix ? à quelles
conditions sera-t-il soumis ?

L'administration allemande prend soin d'indiquer dès

---

1. Eugène Hepp, *du droit d'option des Alsaciens-Lorrains*, p. 41.

le 16 mars 1872 sa doctrine dans une circulaire de monsieur de Mœller président supérieur de l'Alsace-Lorraine. « Les mineurs non émancipés qu'ils soient ou non nés en Alsace-Lorraine ne peuvent opter ni par eux-mêmes ni par l'intermédiaire de leurs représentants légaux en se séparant de ceux-ci. Si les parents sont encore en vie, ils suivent de droit la nationalité du père. La disposition qui précède s'applique aussi aux mineurs émancipés s'ils sont nés en Alsace-Lorraine, les mineurs émancipés qui ne sont pas nés en Alsace-Lorraine sont en ce qui concerne le droit d'option assimilés aux majeurs. » *Recueil des actes relatifs à la paix de Francfort,* t. II, p. 534.

Par représentants légaux le président supérieur entend les père, mère, tuteur ou curateur, ces deux derniers ne peuvent habiliter le mineur à opter qu'autant qu'ils y sont spécialement autorisés par le conseil de famille. Et l'option n'est considérée comme valable que si le tuteur lui-même reste français.

Ces dispositions ne s'appliquent qu'au mineur non émancipé ; pour l'émancipé on a suivi en pratique des règles plus rigoureuses encore, les plénipotentiaires allemands avaient cependant déclaré formellement qu'il ne serait fait aucune distinction entre les mineurs émancipés ou non. L'ordonnance du 16 mars applique les règles que nous venons d'examiner à tous les mineurs non émancipés qu'ils soient ou non originaires d'Alsace-Lorraine et distingue parmi les émancipés les originaires et les non originaires. Aux mineurs émancipés non originaires elle accorde les mêmes droits d'option qu'aux majeurs ; quant aux mineurs émancipés, originaires auxquels elle déclare applicables les dispositions établies pour les autres mineurs, en fait elle empire leur situation en leur rendant plus difficile qu'au mineur non émancipé la conservation de la

porter un jugement du tribunal de Strasbourg qui adoptant la doctrine française déclare Allemands les enfants
mineurs d'un père qui avait négligé d'opter pour eux en
optant pour lui. Les juges ont appliqué le traité de préférence à l'ordonnance du 16 mars : « Attendu qu'il résulte
des déclarations concordantes des parties, que C... par
suite de son option en 1872, faite après la dissolution de
son mariage et le transfert de son domicile en France, a
conservé la nationalité française et est à considérer comme
étranger ; qu'il est constant aussi que ses enfants mineurs
n'ont pas suivi la nationalité de leur père, mais ont conservé la nationalité allemande que le traité de Francfort
leur confère et que leur représentant légal actuel revendique pour eux ; qu'en effet, il y a lieu de prendre tout
d'abord en considération que la loi fédérale du 1er juin
1870 sur l'acquisition et la perte de la nationalité, d'après
laquelle des mineurs ne suivent la nationalité de leur père
que si une exception est expressément stipulée pour eux,
n'était pas en vigueur en Alsace-Lorraine à l'époque de
l'option ; et qu'ainsi le droit public et civil français est
seul applicable, d'après lequel le choix d'une nationalité
quelconque par le père n'entraîne pas pour ses enfants
mineurs la perte de leur qualité de regnicoles ; qu'en
outre l'option de C.... pour lui et ses enfants a eu lieu
sans l'assentiment du conseil de famille ; qu'un droit aussi
important que le choix d'une nationalité ne saurait être
abandonné sans contrôle à la volonté d'un père, tuteur
de ses enfants, d'autant plus qu'il ne peut disposer librement de droits beaucoup moins importants de son pupille,
tels que les droits immobiliers ; enfin qu'il y a lieu de considérer que C.... malgré le transfert de son domicile en
France ne s'est pas fait suivre de ses enfants, qui n'ont
pas quitté l'Alsace, et a même assisté à la délibération du

conseil de famille du 23 septembre 1874 et y a reconnu la nationalité allemande de ses enfants *(la République Française* du 27 avril 1875).

Récemment une espèce à peu près semblable a été examinée par le tribunal de la Seine et résolue dans le même sens (20 juillet 1883).

Nous en extrayons les considérants suivants conformes à notre doctrine : « Attendu qu'il ressort des conférences qui ont précédé les conclusions des traités des 10 mai et 11 décembre 1871 telles qu'elles sont constatées par les protocoles signés des plénipotentiaires, celles notamment des 6 et 13 juillet 1871, que la nécessité de l'option a été imposée à tous les individus originaires des territoires cédés, même aux mineurs non émancipés avec l'assistance de leurs représentants légaux.

» Attendu que J. P. né à Sarrebourg en Alsace-Lorraine le 17 septembre 1863 n'a pas opté personnellement pour la nationalité française et ne pouvait s'autoriser à aucun titre de la déclaration que son père L. P. a faite le 29 mai 1871, déclaration dans laquelle son existence n'est même pas mentionnée ; que sa nationalité a été fixée par les traités susvisés d'une manière absolument indépendante de la condition qui appartenait alors ou appartiendrait ultérieurement à son père . »

La cour de Paris n'a pas adopté les motifs des premiers juges et a infirmé le jugement [1].

Voici les principaux considérants de l'arrêt :

« Considérant qu'il est de principe et de règle absolue en droit que l'enfant suit la condition de son père légitime, d'où il suit que l'enfant né d'un père français acquiert par le seul fait de sa naissance la nationalité française.

---

[1]. La *France judiciaire*, 16 février 1883.

Pendant longtemps les Alsaciens-Lorrains avaient espéré qu'une solution favorable résulterait de l'accord des deux gouvernements, mais un désaccord persévérant était encore constaté sur ce point dans une note insérée au *Journal officiel*, le 14 septembre 1872, qui reproduisait les termes mêmes de la dépêche du comte d'Arnim en date du 16 juillet : « Le gouvernement impérial n'a pas cru pouvoir reconnaître aux mineurs le droit d'option, mais devoir leur laisser, au contraire, la position que leur assigne en France le Code civil (art. 108), d'après lequel ils ont leur domicile chez leur père et mère ou chez leur tuteur. »

Le gouvernement français n'adhéra jamais aux principes adoptés par l'Allemagne et s'appuya constamment sur les procès-verbaux des conférences pour soutenir que les mineurs avaient le droit formellement reconnu d'opter, mais qu'ils devaient être assistés de leurs représentants légaux et que pour statuer sur la validité de l'option, il n'y avait pas lieu de s'inquiéter du choix qu'avaient fait les représentants.

Ces divergences entre les deux gouvernements ont eu en pratique une importance considérable, car les annulations d'option qu'a prononcées l'Allemagne ont atteint des jeunes gens qui, comme nous l'avons dit, sont appelés à la conscription en Allemagne et en France. On a voulu, cependant, éviter aux intéressés les inconvénients et les dangers qui peuvent résulter d'un conflit de ce genre et l'administration a pensé qu'on ne devait point les enrôler de plein droit dans notre armée.

Il est nécessaire de consulter à ce sujet une circulaire du général de Cissey, en date du 7 juillet 1875 portant des instructions sur l'appel de la classe :

« Les jeunes gens originaires des pays cédés à l'Allema-

gne qui ainsi que leurs père, mère ou tuteur ont opté
pour la nationalité française seront portés sur les tableaux
de recensement de la commune où leur famille a aujour-
d'hui son domicile légal. Quant à ceux de ces jeunes gens
dont les père, mère ou tuteur n'auraient pas réclamé
eux-mêmes la nationalité française ou auraient conservé
leur domicile sur les territoires cédés, on ne devra les inscrire que s'ils en font personnellement la demande. Ils
seront prévenus que le gouvernement allemand contestant
la validité de leur option personnelle lors même qu'elle a
eu lieu avec l'assentiment de leurs représentants légaux
ils s'exposent, en entrant dans les rangs de notre armée, à
être poursuivis comme réfractaires par l'autorité allemande
s'ils retournent dans leur pays d'origine. Mention de cet
avis sera faite sur les tableaux de recensement et ils devront la certifier par leur signature. »

Nous venons d'indiquer la situation des mineurs en
général, nous allons pour plus de clarté préciser la condition de chacune des catégories de mineurs en distinguant
s'ils sont originaires ou non d'Alsace-Lorraine, émancipés
ou non, si leurs représentants légaux résidant en Alsace-
Lorraine ou au dehors ont opté ou non.

I. — *Enfant né en Alsace-Lorraine d'un père Alsacien-Lorrain*

L'enfant et le père sont atteints par le traité de paix, puisqu'ils sont originaires des pays cédés. Si le père opte pour
la nationalité Française et fait une déclaration analogue
pour son fils, l'Allemagne considère le père et le fils comme
Français, et logiquement pour elle le fils serait resté
Français quand même le père n'aurait fait aucune déclaration particulière pour son fils. Nous avons cependant

qualité de Français. On se demandait ce qui arriverait au cas où le père et le curateur n'auraient pas conservé l'un et l'autre la même nationalité ? L'administration allemande exige que le père et le curateur soient restés Français pour reconnaître la nationalité française au mineur. La conséquence de cette règle basée sur une interprétation des plus rigoureuses de l'ordonnance du 16 mars est que le mineur émancipé est dans une situation moins favorable pour opter que le mineur non émancipé.

Cette théorie ne devait point recevoir l'assentiment du gouvernement français. Dès le 25 mars 1872, M. de Rémusat ministre des affaires étrangères écrivait : « qu'il a été admis dans les explications échangées aux conférences de Francfort que les mineurs émancipés ou non auraient indistinctement le droit d'opter avec le concours de leurs représentants légaux. »

Et le 30 mars M. Dufaure, faisant à son tour connaître l'avis du gouvernement, reconnaissait aux mineurs le droit de séparer leur sort de celui du chef de la famille et d'opter avec l'assistance de leurs représentants : « le gouvernement allemand a toujours répondu qu'il n'y avait aucune distinction à établir entre les majeurs et les mineurs ; que les conditions et les délais établis par les traités étaient applicables à ces derniers ; mais ils ont ajouté que leurs déclarations seraient valablement faites avec l'assistance de leurs représentants légaux. Il sera peut-être utile de mettre notre loi en harmonie avec cette déclaration du gouvernement allemand et de conférer aux mineurs, par un texte spécial, le droit de faire acte de nationalité avec l'autorisation de leurs tuteurs ; mais dès à présent, leurs déclarations doivent être reçues dans cette forme par les autorités françaises. »

Les Allemands prétendent qu'un des éléments de l'op-

tion fera toujours défaut chez le mineur dont les parents
n'optent pas, et c'est une des raisons sur lesquelles
ils s'appuient pour dénier au mineur un droit personnel
d'option.

Comment le mineur effectuerait-il un transfert de domicile, puisqu'il est légalement domicilié chez ses parents
(art. 108) ?

Qu'il nous suffise de répondre que le gouvernement
Français ne méconnaît nullement cette disposition du
Code civil plaçant le domicile du mineur là où se trouve
le domicile de la personne sous la puissance de laquelle
il se trouve, mais il estime qu'il ne faut point s'en tenir
au sens étroit du mot domicile qui figure dans le traité et
qu'il y a lieu de le traduire dans le sens d'émigration.

Il ne faut pas perdre de vue non plus que si le gouvernement allemand attribue en principe aux enfants mineurs
la même nationalité qu'à leurs parents, la loi allemande
du 1er juin 1870 admet les étrangers mineurs à solliciter
la naturalisation avec l'autorisation de leurs représentants
légaux. Voici du reste le texte de l'article 8: « La naturalisation ne doit être accordée aux étrangers que lorsqu'ils
sont capables de disposer de leur personne d'après les lois
du pays auquel ils ont appartenu jusques alors, ou s'ils ne
jouissent pas de cette capacité quand ils ont l'assentiment
de leur père, de leur tuteur ou curateur. »

Et pourquoi faire appel à la législation allemande qui
vient elle-même confirmer notre doctrine? n'est-ce pas le
Code civil qui est en vigueur en Alsace-Lorraine et qu'il
faut appliquer?

Les différentes juridictions allemandes ne partagent
pas toutes la même manière de voir et si l'administration
ne varie pas dans sa jurisprudence, on ne doit point en
dire autant des tribunaux judiciaires. Nous pouvons rap-

porter un jugement du tribunal de Strasbourg qui adoptant la doctrine française déclare Allemands les enfants mineurs d'un père qui avait négligé d'opter pour eux en optant pour lui. Les juges ont appliqué le traité de préférence à l'ordonnance du 16 mars : « Attendu qu'il résulte des déclarations concordantes des parties, que C... par suite de son option en 1872, faite après la dissolution de son mariage et le transfert de son domicile en France, a conservé la nationalité française et est à considérer comme étranger ; qu'il est constant aussi que ses enfants mineurs n'ont pas suivi la nationalité de leur père, mais ont conservé la nationalité allemande que le traité de Francfort leur confère et que leur représentant légal actuel revendique pour eux; qu'en effet, il y a lieu de prendre tout d'abord en considération que la loi fédérale du 1er juin 1870 sur l'acquisition et la perte de la nationalité, d'après laquelle des mineurs ne suivent la nationalité de leur père que si une exception est expressément stipulée pour eux, n'était pas en vigueur en Alsace-Lorraine à l'époque de l'option ; et qu'ainsi le droit public et civil français est seul applicable, d'après lequel le choix d'une nationalité quelconque par le père n'entraîne pas pour ses enfants mineurs la perte de leur qualité de regnicoles ; qu'en outre l'option de C.... pour lui et ses enfants a eu lieu sans l'assentiment du conseil de famille ; qu'un droit aussi important que le choix d'une nationalité ne saurait être abandonné sans contrôle à la volonté d'un père, tuteur de ses enfants, d'autant plus qu'il ne peut disposer librement de droits beaucoup moins importants de son pupille, tels que les droits immobiliers ; enfin qu'il y a lieu de considérer que C.... malgré le transfert de son domicile en France ne s'est pas fait suivre de ses enfants, qui n'ont pas quitté l'Alsace, et a même assisté à la délibération du conseil de famille du 23 septembre 1874 et y a reconnu la nationalité allemande de ses enfants *(la République Française* du 27 avril 1875).

Récemment une espèce à peu près semblable a été examinée par le tribunal de la Seine et résolue dans le même sens (20 juillet 1883).

Nous en extrayons les considérants suivants conformes à notre doctrine : « Attendu qu'il ressort des conférences qui ont précédé les conclusions des traités des 10 mai et 11 décembre 1871 telles qu'elles sont constatées par les protocoles signés des plénipotentiaires, celles notamment des 6 et 13 juillet 1871, que la nécessité de l'option a été imposée à tous les individus originaires des territoires cédés, même aux mineurs non émancipés avec l'assistance de leurs représentants légaux.

» Attendu que J. P. né à Sarrebourg en Alsace-Lorraine le 17 septembre 1863 n'a pas opté personnellement pour la nationalité française et ne pouvait s'autoriser à aucun titre de la déclaration que son père L. P. a faite le 29 mai 1871, déclaration dans laquelle son existence n'est même pas mentionnée ; que sa nationalité a été fixée par les traités susvisés d'une manière absolument indépendante de la condition qui appartenait alors ou appartiendrait ultérieurement à son père .»

La cour de Paris n'a pas adopté les motifs des premiers juges et a infirmé le jugement [1].

Voici les principaux considérants de l'arrêt :

« Considérant qu'il est de principe et de règle absolue en droit que l'enfant suit la condition de son père légitime, d'où il suit que l'enfant né d'un père français acquiert par le seul fait de sa naissance la nationalité française.

1. La *France judiciaire*, 16 février 1883.

» Que s'il est vrai de dire que si cette nationalité constitue pour l'enfant un droit spécial et personnel distinct de celui qui, au même titre, appartient au père, il est incontestable que, dans l'économie de notre droit civil, la nationalité de l'enfant réside dans celle de son père ; que de cette identi-fication de la nationalité de l'enfant mineur à celle du père ne naît point, il est vrai, pour celui-ci le droit de pouvoir modifier à son gré comme la sienne propre, la nationalité de son enfant, l'intérêt supérieur de l'état ayant fait réserver pareil droit privativement et exclusivement à chaque individu majeur ; mais qu'il en résulte rationnellement que tout ce qui est fait par le père à l'effet de conserver et dé-fendre sa nationalité personnelle défend et conserve en même temps celle de son enfant mineur dont il est le gardien et le protecteur naturel.

» Considérant que l'article 2 du traité de paix du 10 mai 1871 réglant les conditions dans lesquelle les sujets français ou originaires des territoires cédés pouvaient conserver la nationalité française n'a point modifié cette règle de notre droit civil.

» Qu'en effet les vues échangées entre les plénipoten-tiaires français et allemands dans les conférences des 6 et 13 juillet 1871 démontrent bien que les hautes par-ties contractantes étaient justement préoccupées de l'exé-cution de cette partie importante du traité du 10 mai précédent en ce qui concernait spécialement les mi-neurs, mais qu'elles se sont bornées à proposer respec-tueusement des interprétations opposées qui n'ont pu ob-tenir leur commune approbation.

» Que du reste il semble résulter de ces communications, telles qu'elles ont été consignées dans les procès-verbaux des séances des 6 et 13 juillet que les plénipotentiaires ne se sont, à proprement parler, préoccupés du droit d'option

en ce qui concerne les mineurs, qu'en vue de l'hypothèse
où leurs représentants légaux auraient accepté la nationalité allemande, auquel cas le gouvernement français demandait qu'il fût accordé aux jeunes Français originaires
des territoires cédés une année à partir de leur majorité
pour exercer personnellement leur droit d'option, tandis
que le gouvernement allemand persévéra à soutenir que
ce droit devrait être exercé en leur nom par leurs représentants dans le délai fixé par l'article 2 du traité de paix.

» Considérant dès lors que l'option faite le 2 mai 1875,
à la mairie de L. a légalement profité à J. P. son fils mineur.

» Considérant au surplus et en admettant qu'en droit en
vertu du traité du 10 mai 1875, les mineurs n'aient pu
conserver la nationalité française qu'autant qu'une déclaration spéciale aurait été faite en leur faveur par leurs représentants légaux, que la déclaration susrappelée de P.
présente en fait ce caractère et répond aux exigences de
ladite convention et de la loi. »

Puis la Cour insiste sur l'admirable conduite de P. père
pendant la guerre comme sur son patriotique empressement à opter le premier de sa ville et termine en établissant qu'on ne saurait lui imputer un vice de rédaction dont
les conséquences seraient si funestes.

Nous persistons en vertu des motifs que nous avons
énumérés plus haut à penser que les mineurs devaient
être soumis aux mêmes conditions que les majeurs, du
moment où ils étaient originaires des territoires cédés.
Les Allemands sont en droit de considérer comme leurs
nationaux tous ceux qui, figurant sur les registres de l'é-
tat civil comme originaires, ne peuvent produire une déclaration d'option faite soit par eux-même, soit par leurs
représentants légaux en leur nom

Pendant longtemps les Alsaciens-Lorrains avaient espéré qu'une solution favorable résulterait de l'accord des deux gouvernements, mais un désaccord persévérant était encore constaté sur ce point dans une note insérée au *Journal officiel*, le 14 septembre 1872, qui reproduisait les termes mêmes de la dépêche du comte d'Arnim en date du 16 juillet : « Le gouvernement impérial n'a pas cru pouvoir reconnaître aux mineurs le droit d'option, mais devoir leur laisser, au contraire, la position que leur assigne en France le Code civil (art. 108), d'après lequel ils ont leur domicile chez leur père et mère ou chez leur tuteur. »

Le gouvernement français n'adhéra jamais aux principes adoptés par l'Allemagne et s'appuya constamment sur les procès-verbaux des conférences pour soutenir que les mineurs avaient le droit formellement reconnu d'opter, mais qu'ils devaient être assistés de leurs représentants légaux et que pour statuer sur la validité de l'option, il n'y avait pas lieu de s'inquiéter du choix qu'avaient fait les représentants.

Ces divergences entre les deux gouvernements ont eu en pratique une importance considérable, car les annulations d'option qu'a prononcées l'Allemagne ont atteint des jeunes gens qui, comme nous l'avons dit, sont appelés à la conscription en Allemagne et en France. On a voulu, cependant, éviter aux intéressés les inconvénients et les dangers qui peuvent résulter d'un conflit de ce genre et l'administration a pensé qu'on ne devait point les enrôler de plein droit dans notre armée.

Il est nécessaire de consulter à ce sujet une circulaire du général de Cissey, en date du 7 juillet 1875 portant des instructions sur l'appel de la classe :

« Les jeunes gens originaires des pays cédés à l'Allemagne qui ainsi que leurs père, mère ou tuteur ont opté pour la nationalité française seront portés sur les tableaux de recensement de la commune où leur famille a aujourd'hui son domicile légal. Quant à ceux de ces jeunes gens dont les père, mère ou tuteur n'auraient pas réclamé eux-mêmes la nationalité française ou auraient conservé leur domicile sur les territoires cédés, on ne devra les inscrire que s'ils en font personnellement la demande. Ils seront prévenus que le gouvernement allemand contestant la validité de leur option personnelle lors même qu'elle a eu lieu avec l'assentiment de leurs représentants légaux ils s'exposent, en entrant dans les rangs de notre armée, à être poursuivis comme réfractaires par l'autorité allemande s'ils retournent dans leur pays d'origine. Mention de cet avis sera faite sur les tableaux de recensement et ils devront la certifier par leur signature. »

Nous venons d'indiquer la situation des mineurs en général, nous allons pour plus de clarté préciser la condition de chacune des catégories de mineurs en distinguant s'ils sont originaires ou non d'Alsace-Lorraine, émancipés ou non, si leurs représentants légaux résidant en Alsace-Lorraine ou au dehors ont opté ou non.

I. — *Enfant né en Alsace-Lorraine d'un père Alsacien-Lorrain*

L'enfant et le père sont atteints par le traité de paix, puisqu'ils sont originaires des pays cédés. Si le père opte pour la nationalité Française et fait une déclaration analogue pour son fils, l'Allemagne considère le père et le fils comme Français, et logiquement pour elle le fils serait resté Français quand même le père n'aurait fait aucune déclaration particulière pour son fils. Nous avons cependant cité un jugement en sens contraire du tribunal de Strasbourg. D'après les principes français ce ne serait point régulier qu'il n'y eut qu'une option pour le père (en ce sens, Tribunal de la Seine, 20 juillet 1883) ; *contrà* cour de Paris [1].

Si l'enfant est orphelin, l'option sera faite par le tuteur ; en Allemagne on exige que ce dernier soit autorisé par le conseil de famille, mais il faut remarquer que dans les conférences il n'avait été question que des représentants légaux.

Supposons que le père soit devenu Allemand mais ait expressément opté pour son fils. L'Allemagne n'adme point la validité de l'option, le sort du mineur est pour elle intimement lié à celui du père ; nous avons déjà combattu antérieurement cette doctrine fondée sur ce que le mineur ne saurait avoir d'autre domicile que celui de son représentant légal (art. 108) et conformément à notre opinion la France reconnaît la qualité de Français à tout mineur pour lequel a opté son représentant légal sans s'inquiéter de savoir si ce dernier a transporté son domicile hors d'Alsace-Lorraine.

II. — *Enfant né en Alsace-Lorraine de père qui n'y était pas né.*

Au point de vue français, le père n'a pas besoin de faire de déclaration d'option pour lui-même puisqu'il n'est pas originaire des territoires cédés, mais il a dû agir comme représentant légal de son fils et nous n'avons pas à examiner si postérieurement au 1er octobre 1872 il a continué à résider en Alsace-Lorraine. Le fils seul devait émigrer.

1. La *France judiciaire*, 16 février 1883.

L'Allemagne faisant application de la théorie que nous avons réfutée plus haut, à savoir que les enfants mineurs suivent la condition de leur père n'aurait point dû astreindre dans notre hypothèse le mineur à une déclaration et de plus, comme condition de validité, contraint le père à abandonner les territoires cédés.

III. — *Enfant né hors d'Alsace-Lorraine d'un père Alsacien-Lorrain.*

Dans ce cas le mineur n'a point à opter, seul le père né dans les territoires cédés doit accomplir les prescriptions nécessaires pour la conservation de sa nationalité. S'il les remplit, l'Allemagne et la France sont d'accord pour admettre la validité de l'option. Mais des divergences éclatent entre les deux gouvernements si le père est devenu Allemand ; l'Allemagne considère le mineur comme devenu aussi Allemand, soit parce qu'il suit la nationalité de son représentant légal, soit parce qu'il est domicilié en Alsace-Lorraine.

Cependant dans cette hypothèse il y a lieu de distinguer entre les mineurs émancipés ou non ; le mineur émancipé pourra se soustraire à la nationalité allemande en transportant son domicile en France puisque la loi lui permet d'établir son domicile légal où il le juge à propos, c'est la théorie qu'admet l'Allemagne favorisant ainsi le mineur émancipé tandis qu'elle considère comme allemand le mineur non émancipé même si son représentant légal avait pris soin de faire une déclaration au nom du mineur.

Le gouvernement français n'a jamais admis ces distinctions entre les mineurs émancipés ou non, il a toujours pensé, conformément aux principes de notre droit, que la nationalité du mineur était indépendante de celle de son représentant légal et la jurisprudence a ratifié, dans ses arrêts, cette manière de voir. Elle argumente de ce qu'il résulte tant de la lettre du traité que des explications diplomatiques qui s'y sont rattachées, que le fait d'origine a été pris comme criterium unique de dénationalisation, en sorte que la qualité de français ne pouvait être enlevée qu'à ceux qui étaient nés dans l'Alsace-Lorraine détachée du territoire de la France.

La Cour de cassation a été appelée à statuer sur une affaire dont l'espèce était assez intéressante, il s'agissait d'une action en désaveu de paternité dans laquelle on repoussait la compétence du Tribunal de la Seine par cette raison que les deux parties étaient étrangères.

La question capitale que soulevait le procès était celle-ci: Armand Stein (le mineur) est-il Français ou Allemand? Le sieur Stein, père, est né à Metz, son domicile y a toujours été fixé ; après les traités de 1871, il n'a pas déclaré son option pour la nationalité française, et il a maintenu son domicile à Metz ; sa qualité d'étranger est donc incontestable. Quant au mineur Stein, il est né à Paris le 4 février 1857, moins de 300 jours après l'ordonnance préliminaire à la séparation de corps demandée par M. Stein contre sa femme, par conséquent il est légitime. Les demandeurs disaient qu'aucune circonstance ne pouvait donner à un mineur un autre domicile que celui de son père et que, par le seul fait du domicile, le mineur Armand Stein était devenu Allemand comme son père.

M. l'avocat général Godelle qui concluait au rejet du pourvoi s'appuyait sur ce que la nationalité est une qualité personnelle, une partie essentielle de l'état des enfants. C'est la loi qui la leur confère et elle n'attribue à aucun représentant le pouvoir de l'aliéner en leur nom.

Et si on admettait la théorie du pourvoi, on arriverait

à cet étrange résultat, que les traités de 1871 ne conférant la faculté d'option qu'aux originaires des territoires cédés, le mineur Stein, né à Paris, n'aurait pas eu le droit d'opter pour la nationalité française et serait devenu Allemand sans faculté d'option. Si au contraire il était né dans les provinces cédées il aurait eu la faculté d'opter [1].

La Cour de cassation (6 juin 1877) considère Stein comme Français : « Attendu que les traités ne sont point applicables à Stein fils qui n'est pas originaire des pays cédés à l'Allemagne et qui n'y a jamais habité, que d'ailleurs, au point de vue de la nationalité, ils n'ont pas entendu soumettre la condition de l'enfant mineur à celle de son père. »

IV. — *Enfant né hors d'Alsace-Lorraine d'un père simplement domicilié.*

Suivant la doctrine adoptée par le gouvernement français, le père et le fils ne sont point atteints par le traité, il n'ont aucune déclaration à faire et conserveront leur nationalité même s'ils continuent à résider sur les territoires cédés, à moins toutefois qu'ils n'encourent une déchéance dans les cas prévus par les art. 17 et 21.

L'Allemagne au contraire, exige un transfert de domicile de la part du représentant légal. Si cette prescription n'est point accomplie, le sort du mineur se trouve lié à celui de son représentant légal et peu importe que lui-même ait émigré s'il n'est pas émancipé.

Dans l'hypothèse que nous examinons, le mineur n'étant point originaire des territoires cédés ne s'y rattache que par le lien du domicile; dès lors, s'il est émancipé, il peut librement transférer son domicile en France et rompre ainsi ses attaches avec l'Alsace-Lorraine.

1. V. Dalloz p. 1877-1-293.

Section II. — Des femmes mariées.

Il faut assimiler en tout point aux autres Alsaciens-Lorrains, les filles majeures qui, n'étant pas mariées avant l'annexion, ne l'ont pas été pendant la période d'option. Mais pour ce qui concerne la femme mariée, il est plus délicat de se demander si la nationalité de son mari s'impose toujours à elle ?

Dans le cas où on lui refuse le droit à une nationalité distincte aucune controverse ne s'élève au point de vue des conséquences du traité.

Il est vrai que les articles 12 et 19 (C. civ.) établissent que la femme suit la condition de son mari, mais recherchons comment les interprètes du Code civil expliquent ces dispositions et sont amenés à en limiter le champ d'application. « Ce n'est qu'au moment même du mariage que la nationalité du mari devient celle de la femme. Alors en effet la femme consent à ce changement en même temps qu'au mariage... Il en est autrement ensuite et l'on ne saurait admettre que la seule volonté du mari puisse la dépouiller de cette qualité essentiellement personnelle [1]. »

Nous permettons à la femme de revendiquer son ancienne nationalité ou au contraire de rester Allemande, selon qu'elle le juge à propos, en nous appuyant sur l'exposé des motifs de la convention additionnelle (lu à la séance du 20 décembre), où il est rappelé que les négociateurs de Francfort ont toujours laissé entendre que chacun des annexés avait le droit de choisir sa nationalité future. « Tous ceux qui, par leur naissance, appartiennent aux territoires cédés et qui désirent assurer la conservation de

---

1. Demolombe, t. I, n° 175.

leur nationalité française devront faire une déclaration formelle d'option. »

Le gouvernement a pris soin de nous faire connaître également ses vues dans la circulaire du 30 mars 1872. « En principe et d'après les articles 12 et 19 du Code civil, la femme suit la condition de son mari. C'est une question controversée que celle de savoir si le changement de nationalité du mari peut modifier la nationalité que le mariage a conférée à la femme. Aussi pour éviter les difficultés qui pourraient se produire ultérieurement, en matière de succession notamment, la femme mariée en Alsace-Lorraine qui voudra mettre sa nationalité à l'abri de toute contestation, devra faire avec l'assistance de son mari une déclaration d'option. Il résulte de ce qui précède que : tous ceux qui sont nés dans les territoires cédés quels que soient leur âge, leur sexe, leur domicile, sont tenus de faire une déclaration s'ils entendent conserver la qualité de Français, qu'à défaut de cette déclaration dans le délai prescrit, ils seront considérés comme Allemands ; et qu'au contraire, tous ceux qui ne sont pas nés dans ces territoires n'ont aucune déclaration à faire et sont Français de plein droit. »

Nous allons faire application des principes adoptés par la France aux différentes situations qui peuvent se présenter.

I. — *La femme est née hors d'Alsace-Lorraine, le mari au contraire est né en Alsace-Lorraine*

La femme conservera la nationalité française même au cas où le mari, n'ayant point opté, sera devenu Allemand.

II. — *La femme est née en Alsace-Lorraine, le mari n'y est pas né.*

Dans ce cas, la femme doit faire une déclaration d'option avec l'assistance de son mari si elle veut conserver son ancienne nationalité, le mari au contraire n'étant point originaire des territoires cédés n'aura, comme nous l'avons établi plus haut, aucune formalité à remplir.

III. — *Une étrangère a épousé un Alsacien-Lorrain*

Seul le mari doit opter, la qualité de Française qu'a obtenue la femme par son mariage ne l'attache pas particulièrement à telle ou telle province du sol français.

Au point de vue français, il n'est pas difficile de résoudre ces différentes propositions, puisque l'origine est le seul criterium auquel le traité de Francfort attache la dénationalisation et que nous avons admis avec la jurisprudence que « si le mariage une fois célébré, le mari perd sa nationalité par suite de faits auxquels la femme n'a point participé, cette même nationalité ne sera pas forcément perdue pour la femme ». (Demangeat sur Fœlix, t. I, p. 92).

L'Allemagne ne reconnaît pas à la femme mariée le droit d'avoir une nationalité distincte de celle de son mari. (Voir la loi du 1ᵉʳ juin 1870 à la traduction de M. Lyon-Caen *Annuaire de législation étrangère*, 1772, p. 183). Articles 5 et 13 § 5, « la femme suit toujours la condition de son mari », aussi les solutions que nous avons données ne sont-elles point admises par l'Allemagne.

Ces divergences sont loin de présenter pour les femmes mariées le même intérêt que pour les mineurs pour lesquels on doit se préoccuper de questions relatives au service militaire et aux droits politiques.

Section III. — Des autres incapables

D'après l'article 4 de la convention additionnelle « les condamnés originaires des territoires cédés qui sont actuellement détenus dans les prisons, maisons centrales et établissements pénitentiaires de la France ou de ses colonies, seront dirigés sur la ville la plus rapprochée de la nouvelle frontière, pour y être remis aux agents de l'autorité allemande.

Il en sera de même des personnes recueillies dans les maisons d'aliénés ».

L'exposé des motifs du projet de loi portant approbation de la convention ne peut nous guider dans l'examen de la condition de ces incapables, en effet il mentionne seulement que pour cet échange la base adoptée est l'origine respective des individus dont il s'agit.

En nous appuyant sur les principes généraux de droit civil, nous allons essayer d'esquisser la situation des originaires d'Alsace-Lorraine n'ayant pas une pleine capacité juridique.

Pour les condamnés il y lieu de faire une double distinction, ranger d'un côté ceux qui seront libérés avant le 1er octobre et de l'autre placer ceux dont la peine n'expirera que postérieurement, ne pas confondre enfin ceux qui sont en interdiction légale et ceux privés seulement de certains droits énumérés par l'art. 42 du Code pénal.

Ceux qui ont été libérés avant le 1er octobre ont dû être certainement admis à opter et quant à ceux qui n'ont été libérés que postérieurement, s'ils n'étaient privés que de certains droits énumérés par l'art. 42, il fallait les autoriser à opter et par conséquent s'ils optaient pour la nationalité française soit les maintenir dans des établissements français, s'ils subissaient leur peine en France, soit les réclamer s'ils étaient en Alsace Lorraine. Au contraire pour ceux qui se trouvaient en état d'interdiction légale, il fallait permettre à leur tuteur nommé conformément à l'article 29 du Code pénal d'opter en leur nom s'il le jugeait à propos.

Pour les personnes placées dans un établissement d'aliénés, il eût été préférable de leur permettre de décider de leur nationalité dans l'année qui suit leur sortie de l'établissement, mais aucune prorogation de délai n'ayant été accordée, nous pensons qu'il faut faire dépendre leur statut personnel du choix qu'auront fait les personnes chargées de sauvegarder leurs intérêts.

Nous adopterons la même solution pour les personnes interdites judiciairement, mais nous estimons que l'assistance du conseil judiciaire ne devait pas être considérée comme nécessaire pour habiliter l'invidu se trouvant dans la condition prévue par l'article 513 du Code civil.

Quant aux femmes des individus dont nous venons de parler, il nous semble que l'autorisation de justice devait suppléer à celle que le mari était dans l'impossibilité de manifester et nous admettons même que la femme avec une autorisation spéciale a pu engager la nationalité de ses enfants mineurs.

CHAPITRE IV

DE LA PERTE DE LA QUALITÉ DE FRANÇAIS PAR LES ALSACIENS-
LORRAINS POSTÉRIEUREMENT A L'ANNEXION

En indiquant les personnes dont la nationalité se trouve
atteinte par le traité de Francfort, nous avons cité les originaires et en nous appuyant sur les termes du traité les
déclarations des plénipotentiaires allemands relatées dans
les protocoles aussi bien que sur les avis émis dans les
documents lus devant l'Assemblée nationale, nous avons
pensé que les personnes domiciliés dans les territoires
cédés sans y être nées n'avaient, pour maintenir leur
nationalité, aucune déclaration à effectuer. Le gouvernement français n'a jamais varié sur ce point et reconnaît invariablement comme Français tout individu domicilié en Alsace-Lorraine au 20 mai 1871, quand même il y
aurait conservé son domicile. L'Allemagne au contraire
le considérait comme Allemand si au 1er octobre 1872 il
n'avait point émigré.

Nous n'avons point à nous préoccuper des solutions
données à cette question par l'Allemagne, s'il peut en résulter de sérieux inconvénients pour la situation de
certaines personnes, nous n'avons quant à notre point de
vue qu'à examiner les causes de déchéance édictées par

la loi française. N'oublions pas que beaucoup de domiciliés n'ont point opté et se trouvent par conséquent dans cette situation bizarre d'être regardés comme Français en deçà des Vosges, Allemands au delà. C'est la conséquence des termes du traité, des commentaires qui ont circulé quelque temps et lorsque la note tardive du 14 septembre 1872 insérée au *Journal officiel* vint révéler les nouvelles exigences de l'Allemagne, on ne voulut point tout d'abord lui reconnaître assez d'autorité pour modifier le traité et chacun préférait s'en tenir à son interprétation personnelle, souvent parce qu'il la trouvait moins rigoureuse.

Par conséquent, pour déterminer les Alsaciens-Lorrains dont la nationalité a été modifiée postérieurement à l'annexion, il n'y a pas lieu de s'inquiéter de la pratique allemande. Si les tribunaux judiciaires allemands, comme nous l'avons fait observer déjà, n'ont tenu dans certaines circonstances aucun compte des annulations d'option qu'avaient faites les directions de police ou de cercle, nous devons encore moins nous préoccuper de telles décisions. Étudions uniquement les faits dont notre législateur fait dériver la perte de la qualité de Français.

Les textes qui se réfèrent à ce sujet, sont au Code civil les art. 17, 19, 21 ; puis les décrets de 1809 et de 1811, le décret du gouvernement provisoire du 29 avril 1848, et ils énoncent les causes suivantes :

I. — La naturalisation acquise en pays étranger.

II. — L'acceptation non autorisée par le gouvernement français de fonctions publiques conférées par un gouvernement étranger.

III. — L'établissement à l'étranger sans esprit de retour.

IV. — Le mariage d'une Française avec un étranger.

V. — L'entrée au service militaire d'une puissance étrangère sans l'autorisation du gouvernement.

VI. — Les décrets de 1809 et de 1811 aggravent considérablement les déchéances prononcées par le Code contre les Français qui perdent leur nationalité.

VII. — Le décret du 29 avril 1848, les lois des 11 février 1851 et 28 mai 1858 sur le commerce ou la possession des esclaves que nous n'étudierons pas en détail.

I. — De la naturalisation acquise en pays étranger.

La naturalisation volontairement acquise en pays étranger fait perdre la qualité de Français, car c'est de tous les faits qui indiquent qu'un Français établi à l'étranger a perdu l'esprit de retour le plus évident ; celui qui se donne une patrie nouvelle renonce à la première ; mais une nationalité concédée à un Français sans qu'il ait fait aucune démarche n'influe aucunement sur sa qualité de Français, il faut qu'il l'ait sollicitée ou tout au moins acceptée.

De même, il ne perd point sa qualité de Français, si sans se faire naturaliser, il demande et obtient dans le pays où il se trouve la jouissance des droits civils, et, conserve sa nationalité tant que la naturalisation qu'il sollicite à l'étranger ne lui a pas été accordée.

Pour que nous considérions un de nos nationaux comme ayant renoncé à sa patrie, il faut une manifestation non équivoque de sa volonté et cette résolution doit ressortir d'actes estimés probants par la loi française [1].

L'Espagne regarde comme ses nationaux les étrangers qui ont fondé sur son territoire un établissement de commerce, nous n'avons pas à nous préoccuper de cette législation et, en application de la règle que nous avons rappelée plus haut décidons qu'une nationalité concédée à un Français sans demande ou sans assentiment de sa part ne

1. En ce sens, Demolombe, t. I, n. 179...

saurait engager son statut personnel. C'est ce qu'a admis la Cour de Paris, 3 mars 1834, dans l'affaire suivante :

Un Français ayant créé à Cadix un établissement de commerce avait épousé une indigène : devant la loi d'Espagne il était devenu Espagnol, *quid* au point de vue français ? La Cour l'a considéré comme ayant maintenu son ancienne nationalité et l'a admis à invoquer l'article 14 qui autorise le Français à citer devant des tribunaux français l'étranger même non résidant en France pour l'exécution des obligations par lui contractées en pays étranger envers des Français.

Locré [1] rapporte qu'au conseil d'État on avait proposé que la loi recherchât l'intention et que sans s'arrêter au fait extérieur elle maintînt au Français ses droits civils, s'il apparaissait qu'il ne se fût fait naturaliser à l'étranger, que pour conserver certains avantages de fortune et dans la pensée de venir en jouir en France après les avoir recueillis. On pensait que la naturalisation en pays étranger ne devait effacer la qualité de Français que quand il est certain qu'il n'y a point d'esprit de retour. Cette restriction n'a pas été admise et dans tous les cas la naturalisation à l'étranger obtenu par un Français entraîne la perte de sa nationalité.

La naturalisation étrangère ne résulte pas pour un Francais du droit de grande bourgeoisie obtenu à Hambourg (conseil d'État 18 novembre 1842). Le droit de bourgeoisie extraordinaire conféré à titre purement honorifique à certains étrangers de distinction n'entraîne point pour le Français qui en est revêtu, la perte de sa nationalité d'origine, mais la Cour de Colmar 19 mai 1867 (D. P. 68, 2, 225) a décidé qu'il en était autrement lorsque par la collation du droit de bourgeoisie le Français devient membre et sujet effectif d'un état étranger, soumis à toutes les obli-

1. Esprit du Code civil t. I, p. 139.

gations, et investi de tous les droits qui compètent aux citoyens de cet état.

Cette règle privant de la qualité de français tout individu sollicitant une nationalité étrangère est une application du principe de droit international que l'on ne saurait
avoir deux patries où l'on pourrait réclamer les privilèges
accordés aux seuls nationaux et s'écrier :

Selon les gens
Vive le roi, Vive la ligue.

On consultera à ce sujet la lettre écrite par Crémieux à
lord Brougham qui sollicitait d'être naturalisé français tout
en entendant conserver le titre de citoyen anglais.

C'est à la justice civile qu'il appartient de statuer, en
cas de contestation, sur le point de savoir si la naturalisation est ou non acquise en pays étranger ; mais les tribunaux ne pourront contrôler la validité de la naturalisation
accordée à un Français alors qu'il sera établi que les lettres
de naturalisation réunissent les conditions ordinaires de
validité exigées par les lois du pays qui les a décernées.

Les législations étrangères sont tout aussi rigoureuses
que la loi française ; d'après la loi anglaise la naturalisation obtenue en pays étranger par un sujet britannique
lui fait perdre sa nationalité (acte du 12 mai 1870, art. 6.
« La naturalisation obtenue en pays étranger, par un sujet
britannique ayant toute sa capacité lui fait perdre sa nationalité britanique. »

Un séjour prolongé pendant 10 ans à l'étranger fait perdre la qualité d'Allemand. (Voir la loi du 1er juin 1870 sur
l'acquisition et la perte de la nationalité). La nationalité
italienne se perd par une simple renonciation faite devant
l'officier de l'état civil, mais renonciation qui n'est valable
que si elle est accompagnée d'une translation de domicile à
l'étranger.

La naturalisation acquise en pays étranger produit des effets différents suivant qu'elle l'a été avec ou sans l'autorisation du gouvernement français. Si l'autorisation a été accordée le français dénationalisé se trouve dans la même situation que les autres étrangers, toutefois il ne peut porter les armes contre la France, dans le cas contraire il est soumis à une déchéance édictée par le décret du 26 août 1811, **et** qui ne cesse que par sa réintigration dans la qualité de français. Ultérieurement nous étudierons le décret de 1811 et nous tenterons d'établir la preuve de la non-abrogation de cette déchéance par la loi du 14 juillet 1819. Un projet de loi examiné par le conseil d'État et soumis actuellement au sénat propose de ne considérer comme valable la naturalisation à l'étranger de tout Français soumis aux obligations du service militaire, qu'autant que l'autorisation du gouvernement aura été obtenue (art. 12). La section du conseil d'État a fait de l'autorisation une condition de la validité de la naturalisation et considère le Français qui ne remplit pas cette formalité comme n'ayant pas perdu sa nationalité. C'est la solution qu'a notamment adoptée la législation hongroise [1].

II. — *De l'acception non autorisée par le gouvernement de fonctions publiques conférées par un gouvernement étranger.*

L'article 17 prive de la qualité de français tout citoyen ayant accepté des fonctions publiques conférées par un gouvernement ; la même restriction n'existe point pour la naturalisation en pays étranger elle entraîne dans tous les cas la perte de la nationalité.

Il faut que les fonctions soient publiques, c'est-à-dire politiques, administratives ou judiciaires ; pour définir avec

1. V. rapport de M. Camille Ser, conseiller d'État.

certitude les fonctions publiques, il est utile de se référer aux institutions de chaque pays, c'est le vrai mode
de constatation du caractère public des fonctions. C'est
considérer comme assimilable à une fonction publique
tout serment incompatible avec la qualité de français.

Il est certaines fonctions dont l'exercice n'entraîne pas
déchéance, ce sont celles de professeur, de médecin aux-
quelles on peut se livrer sans être aucunement lié au gouvernement étranger. Elles ne sauraient amener la perte de
la qualité de français qu'autant qu'elles impliqueraient une
coopération quelconque au fonctionnement d'un état. Nous
pensons même que si ces personnes étaient appelées à une
prestation de serment, l'accomplissement de cette formalité
pourrait n'être considéré que comme une mesure d'ordre
public. La cour de Montpellier (12 juillet 1826) a spécialement décidé que l'exercice de la profession d'avocat hors
de France n'emportait pas déchéance et, récemment, on a
vu un Français réfugié a Constantinople où il exerçait la
profession d'avocat être nommé conseiller à Limoges, sans
qu'il ait eu à remplir les prescriptions exigées pour recouvrir la qualités de français (Voir rapport de M. Hérold,
secrétaire général du ministère de la justice sur la situation de M. D....).

L'avis du conseil d'État du 21 janvier 1812 donne des
indications précises sur les Français qui acceptent des situations à l'étranger, sur les 3° et 4° questions le conseil
d'État déclare que l'acceptation d'un titre héréditaire même
s'il est à l'étranger avec autorisation du gouvernement
est assimilable à la naturalisation étrangère, sur la 5°
question qu'aucun service, soit près de la personne, soit
près d'un des membres de la famille d'un prince étranger,
et aucune fonction dans une administration publique étrangère ne peuvent être acceptés sans autorisation préalable.

Pour les fonctions ecclésiastiques un décret du 7 janvier 1808 statue « que nul ecclésiastique ne peut sans perdre la qualité de français poursuivre ou accepter la collation faite par le pape d'un évêché *in partibus* s'il n'y a été autorisé par le gouvernement. Nous pensons avec M. Schaffhauser (thèse de doctorat, 1882) que la nomination à une cure ne saurait entraîner la perte de la qualité de français, puisqu'un curé ne participe nullement à l'exercice de la puissance publique et que le ministère dont il est revêtu le soumet à la juridiction ecclésiastique plutôt qu'à l'autorité civile, (en ce sens Cassation, rejet 17 novembre 1848 [1], mais comme le conseille M. Demolombe, t. I, n° 180 il est toujours préférable de se munir d'une autorisation quoique d'après l'opinion la plus accréditée la nationalité ne soit pas atteinte.

L'acceptation du titre de commissaire des relations commerciales ne doit pas être considérée comme de nature à modifier la nationalité d'un Français, on ne saurait invoquer comme preuve de cette opinion une décision ministérielle du 28 vendémiaire an IX déclarant que l'acceptation du titre de commissaire des relations commerciales n'entraîne aucune mutation dans la nationalité. C'est précisément résoudre la question par la question, le Code en indiquant les causes de perte de la qualité de français a très bien pu abroger cette disposition, car ces fonctions sont la plupart du temps salariées et peuvent rentrer dans l'hypothèse prévue par le paragraphe 2 de l'article 17 mais c'est sur l'exequatur qui accrédite le consul que nous allons nous appuyer ; il y est dit que le français ne se prévaudra pas de ses fonctions pour se soustraire à ses obligations de national, la conclusion découle facilement et saute aux yeux ; les fonctions consulaires

1. Sirey 19-1-197.

par elles-mêmes ne suffisent pas pour faire perdre la qualité de Français. Le décret de 1811 vise les ambassadeurs
et nous rappellerons plus tard ses principales dispositions.
Nous y verrons également (art. 2 et 19) que l'autorisation
du gouverment d'accepter des fonctions à l'étranger est
accordé par lettres patentes du ministre de la justice
enregistrées à la Cour d'appel du dernier domicile de
celui qu'elles concernent. Aujourd'hui un décret rendu sur
la proposition du ministre de la justice est inséré au bulletin des lois. Les Français qui ont accepté des fonctions à
l'étranger sans y être autorisés voient leur situation aggra-
vée sous le décret de 1811. L'article 18, c'est-à-dire la faculté de recouvrer la qualité de Français en rentrant en
France avec l'autorisation du gouvernement ne leur est
plus applicable, il leur faut des lettres de relief ; même
ceux qui ont obtenu une autorisation préalable doivent à
tout instant être prêts à rentrer en France sur l'injonc-
tion du gouvernement.

III. — *De l'établissement en pays étranger sans esprit de retour.*

C'est à l'appréciation des magistrats qu'est laissé le
soin de décider si le Français établi à l'étranger a conservé
ou non l'esprit de retour, à eux de rechercher la véritable
intention. La loi ne peut supposer facilement la renonciation à la qualité de Français puisque c'est une peine qu'elle
prononce dans certains cas, aussi l'esprit de retour est-il
toujours présumé et c'est à celui qui aurait intérêt à allé-
guer la perte de cette qualité de Français qu'incombe
la preuve que l'établissement a été fait sans esprit de
retour.

Ainsi chacun des faits suivants pris isolément ne sau-

rait suffire à fournir une preuve complète : mariage à l'é-
tranger avec une étrangère, changement de religion, pro-
longation de résidence en pays étranger.

Le Français qui a fondé à l'étranger un établissement
de commerce est présumé avoir conservé l'esprit de retour ;
il ne faut point toutefois traduire trop littéralement le dernier alinéa de l'article 17 et en extraire ce principe que
dans aucun cas l'établissement de commerce à l'étranger
ne pourra servir à établir la perte de tout esprit de retour. Seul l'établissement de commerce ne sera point un
argument décisif, il en sera tout différemment dans le cas
où à cet élément de preuve se joindront d'autres faits tels
que le mariage à l'étranger et une correspondance ou se
manifestera une intention bien arrêtée. La femme qui suit
son mari à l'étranger ne cesse pas comme lui d'être Française, la loi ne peut la placer entre l'accomplissement d'un
devoir et la perte de sa nationalité, il faudrait qu'elle re-
nonçât à tout esprit de retour et que cette résolution fût
accompagnée d'indices qui ne laissassent aucun doute.

IV. — *Mariage d'une Française avec un étranger.*

La loi présume que la femme, sans distinguer si elle
est majeure ou mineure, a voulu s'associer à la nationalité
de son mari comme elle a voulu s'associer à son existence.
Le Code civil, art. 12, en décidant que l'étrangère épousant un Français deviendra Française, ne devait pas tarder
à admettre la réciprocité et à considérer comme étrangère
la femme française qui épouse un étranger (art. 19). La
rédaction de ce dernier article a trahi la pensée des rédacteurs du Code, ce qu'ils ont voulu dire c'est que la femme
française cesserait d'être Française, ils ne pouvaient pas lui
donner une qualité que la loi étrangère lui refusera peut-

être. Ainsi, avant la loi du 12 mai 1870 la femme française qui épousait un Anglais ne devenait pas Anglaise. Elle cessait d'être Française mais ne pouvait obtenir la qualité d'Anglaise que ne lui concédait pas la loi britannique. Depuis l'acte du 12 mai, la nationalité britannique s'acquiert par le mariage. Elle ne saurait acquérir la nationalité de son mari qu'autant que la loi étrangère la lui conférerait. On avait proposé au Conseil d'État d'admettre un tempérament et de permettre à la femme épousant un étranger de jouir en France des droits civils, mais cette idée n'a point prévalu, parce qu'elle aurait permis à la femme de jouir des droits civils en France et dans sa nouvelle patrie.

Dès le moment du mariage la femme cesse d'être régie par les lois personnelles de la France, nous pensons que c'est à la loi du domicile du mari qu'il faut dès lors s'attacher pour savoir si, afin de s'obliger ou d'ester en justice elle a besoin en France de l'autorisation maritale.

Rappelons l'opinion que nous avons émise plus haut que si le mari change de nationalité pendant le mariage, la nationalité de la femme de sera pas atteinte (Douai, 3 août 1858. D. P. 58. 2. 218. 219.)

Si le mariage est considéré comme nul, la femme est réputée avoir toujours conservé la qualité de Française, et elle peut rentrer en France sans l'autorisation du gouvernement.

Toute femme française ayant épousé depuis le 20 mai 1871 un Alsacien-Lorrain qui n'a pas opté, a perdu la nationalité française et est devenue Allemande. (La loi du 1 juin 1870, étendue à l'Alsace-Lorraine depuis le 8 janvier 1873 lui confère cette dernière nationalité.)

V. — D'après l'article 21 le service militaire à l'étranger

entraîne la perte de la qualité de Français ; il en est de même de l'affiliation à une corporation militaire étrangère. Cependant le mineur s'engageant dans une armée étrangère ne doit pas être considéré comme ayant abdiqué sa qualité de français ; il en serait de même s'il se soumettait après l'âge de sa majorité à l'engagement souscrit auparavant et qu'il n'est pas libre de rompre [1].

VI. — Nous ne parlerons point d'une autre cause de déchéance prononcée par le décret du 29 avril 1848 du gouvernement provisoire contre ceux qui se livrent au commerce des nègres.

VII. — Déchéances résultant des décrets du 5 avril 1809 et du 26 août 1811.

Ces décrets impériaux ont été souvent attaqués comme inconstitutionnels et des auteurs ont discuté s'il fallait leur attribuer force de loi. La date de leur promulgation suffit pour rappeler dans quelles circonstances ils sont intervenus, c'est au moment où la France allait entreprendre de nouvelles luttes, de là l'esprit dans lequel ils ont été conçus ; ils viennent aggraver notablement les peines prononcées par le Code civil contre le Français qui abdique sa nationalité. Le pouvoir exécutif, a-t-on dit, ne saurait s'identifier avec le pouvoir législatif. N'y a-t-il pas là une dérogation expresse au principe de la séparation des pouvoirs ? Sous la constitution de frimaire an VIII, qui régissait alors le mécanisme des institutions publiques, les décrets législatifs étaient valables si dans les dix jours ils n'étaient déférés au Sénat pour inconstitutionnalité. Avec la jurisprudence, nous pensons que ces *décrets* sont

____
1. En ce sens, Cour d'Amiens, 24 janvier 1849.

valables, il nous suffit que le Sénat n'ait pas été appelé à se prononcer sur leur validité, et nous n'avons point à nous inquiéter des causes qui auraient pu rendre l'examen du Sénat impossible : ainsi la suppression en 1807 du Tribunat auquel ressortait la dénonciation de ces actes illégaux.

Le décret du 6 avril 1809 établit des peines contre les Français qui auront porté les armes contre la France depuis le 1er janvier 1804 et les rend justiciables de cours spéciales, même dans le cas où ils auraient obtenu des lettres de naturalisation d'un gouvernement étranger. Il oblige les Français, au service militaire d'une puissance étrangère avec ou sans autorisation, à rentrer en France « dès le moment où les hostilités commencent entre cette puissance et la France, et à justifier de leur retour dans le délai de trois mois à compter du jour des premières hostilités. Sont astreints au retour en France et doivent le faire constater de la même façon les Français titulaires à l'étranger de fonctions politiques, administratives ou judiciaires. Quant à la femme française mariée avec un étranger, il n'en est pas question dans le décret et pour le Français ayant un établissement de commerce à l'étranger, sa situation est définie par l'article 29. S'il est un Français qui n'a pas de service militaire chez l'étranger, ou n'y exerce aucune des fonctions énumérées ci-dessus, il n'est justiciable des tribunaux spéciaux qu'autant qu'il aura été nominativement rappelé par un décret publié dans la forme requise pour la promulgation des lois. La mort civile étant abolie depuis le 31 mai 1854 le décret reste inapplicable sur ce point ; la peine de mort, la confiscation, la compétence des cours spéciales demeurent aussi inapplicables, car le Code pénal de 1810, article 484, statue que dans toutes les matières qui n'ont pas été réglées par le présent Code et qui sont régies par des lois et règlements particuliers, les cours et tribunaux continueront de les observer, or dans les articles 75 et suivants, sont prévus et punis les crimes contre la sûreté extérieure de l'État. De plus la charte de 1814 abolit la confiscation et les cours spéciales qui n'ont jamais été rétablies. Ce qui subsiste du décret de 1809 ce sont les formalités de rappel des Français au service d'une puissance étrangère et la constatation de leur retour ; à cet effet, il doivent se présenter devant le procureur du tribunal de première instance de leur domicile et requérir acte de leur présence.

Le décret du 26 août 1811 concerne les Français naturalisés en pays étranger avec ou sans autorisation et ceux qui sont déjà entrés ou qui voudraient entrer au service d'une puissance étrangère. Son but est d'empêcher la confusion entre les sujets que des motifs légitimes portent à se faire naturaliser à l'étranger avec ceux dont la conduite revêt le caractère de félonie « aucun Français ne peut être naturalisé en pays étranger sans autorisation, laquelle est accordée par lettres patentes insérées au *Bulletin des lois* et enregistrées par la cour d'appel du dernier domicile ; aujourd'hui l'autorisation est accordée par un décret rendu sur le rapport du garde des sceaux et inséré au *Bulletin des lois*.

Le titre II établit des peines contre tout Français naturalisé en pays étranger sans autorisation, d'abord la perte de ses biens qui seront confisqués (disposition abolie par la charte de 1814), il n'aura plus le droit de succéder (art. 6) ; s'il est retrouvé sur le territoire de l'empire, la première fois il sera arrêté et reconduit au delà des frontières, en cas de récidive poursuivi devant les tribunaux et condamné à la détention (art 11).

Pour être relevé de ces déchéances, il faut la concession

de lettres de relief. Nous avons parlé sommairement de l'article 6 du décret, peut-être est-il utile de revenir sur son interprétation ! L'incapacité de succéder existe-t-elle encore malgré la loi du 14 juillet 1819, dont l'article 1er est ainsi conçu : « les articles 726 et 912 du Code civil sont abrogés, en conséquence les étrangers auront le droit de succéder, de disposer et de recevoir de la même manière que les Français dans toute l'étendue du royaume ? » Aucune distinction n'apparaît entre les naturalisés avec ou sans autorisation du gouvernement, la loi parle des étrangers en général. Cependant nous pensons que le décret de 1811 n'a subi sur ce point aucune modification, pourquoi aurait-il édicté une incapacité qui était alors de droit commun, s'il n'avait voulu soustraire cette disposition législative à l'influence des traités ou aux variations du code civil.

L'article 18 du Code civil se trouve modifié par le décret, en ce sens qu'il ne suffira plus à un ex-Français ayant accepté des fonctions publiques ou s'étant fait naturaliser à l'étranger, de rentrer en France avec l'autorisation du gouvernement, il lui sera nécessaire d'obtenir des lettres de relief. Quant au Français qui aura pris du service militaire sans autorisation préalable et encouru la déchéance de l'article 21, sa situation se trouve considérablement améliorée par le décret de 1811 qui lui permet de recouvrer la qualité de Français sans le stage de trois ans et au moyen de lettres de relief.

Les Alsaciens-Lorrains devenus Allemands par suite de l'annexion n'ont point à se préoccuper des dispositions que nous avons analysées. Si plus tard il veulent recouvrer la qualité de Français qu'ils s'inspirent de la théorie que nous soutiendrons en examinant l'article 18. Mais il en est différemment des Alsaciens-Lorrains ayant opté et qui postérieurement ont accepté des fonctions à l'étranger ; pour eux les décrets restent applicables et ils doivent remplir les prescriptions exigées par le décret, s'ils veulent recouvrer la qualité de Français.

CHAPITRE V

ACQUISITION ET RECOUVREMENT DE LA QUALITÉ DE FRANÇAIS
PAR LES ALSACIENS-LORRAINS.

Nous examinerons séparément les modes d'acquisition
et de recouvrement de la qualité de Français par les majeurs, les femmes mariées et les mineurs.

Avant d'aborder cette étude, rappelons qu'un étranger,
d'après l'article 13, peut avec l'autorisation du gouvernement être admis à établir son domicile en France et y
jouir de tous les droits civils tant qu'il continue d'y résider. Sa condition juridique diffère dès lors très peu de
celle d'un Français ; il ne sera pas astreint à fournir la caution *judicatum solvi* et même si l'on suit la jurisprudence
(Douai 28 juin 1877) il pourra actionner les étrangers devant les tribunaux français pour obligations contractées envers lui en pays étranger (art. 14). Il pourra exiger la caution
judicatum solvi. Son état et sa qualité, toutefois, continueront d'être régis par les lois de son pays, l'état et la capacité
d'un Français au contraire sont régis par la loi française,
de là proviennent des différences notables : l'étranger n'est
pas admis à se prévaloir de l'art. 2 de la loi du 14 juil-

---

1. Dalloz, *Code civil annoté*, sur l'art. 13.

et 1819 établi au profit exclusif d'un Français : « dans le cas de partage d'une même succession entre des cohéritiers étrangers et français, ceux-ci prélèveront sur les biens situés en France une portion égale à la valeur des biens situés en pays étranger dont ils seraient exclus à quelque titre que ce soit en vertu des lois et coutumes locales ». L'âge de la majorité peut varier dans les deux pays (pour les Alsaciens-Lorrains cette remarque est sans importance puisque le Code civil est encore aujourd'hui en vigueur en Alsace-Lorraine).

La Cour de Paris, en application de la règle que nous avons énoncée touchant le statut personnel de l'étranger, a décidé que si d'après les lois de son pays l'étranger est incapable, comme religieux entré dans les ordres, de contracter mariage, cette incapacité le suit en France et par conséquent est nul le mariage qu'il y a formé (13 juin 1814).

Une loi du 25 juin 1874 modifiant l'article 105 du Code forestier a amélioré la situation de l'étranger autorisé à fixer son domicile en France en lui permettant de participer au partage des bois d'effouage s'il est chef de famille ayant un domicile réel et fixe dans la commune.

Remarquons l'expression dont se sert l'article 13 (droits civils), dans aucun cas l'étranger n'est admis à jouir des droits politiques, il ne peut participer à l'élection des conseillers municipaux ou généraux ni aux élections législatives.

Au gouvernement seul appartient le droit de statuer d'après les renseignements recueillis sur la demande de l'étranger, à lui de discerner les vrais motifs. Les formalités à accomplir sont retracées dans le décret du 17 mars 1809. Cette situation créée par l'art. 13 est tout à fait transitoire, elle facilite à l'étranger qui aspire à devenir Français le stage de trois ans qu'exige la loi et dont la rigueur se trouve de cette manière singulièrement adoucie, c'est un acheminement vers la naturalisation ; nous pensons toutefois qu'il serait arbitraire de refuser l'autorisation par cette seule raison que l'étranger n'a point l'intention de se faire naturaliser ultérieurement. Le gouvernement est toujours maître de retirer l'autorisation et d'appliquer la loi du 3 décembre 1849 dont l'article 7 § 2 prévoit spécialement le cas de l'étranger ayant fixé légalement son domicile en France : le ministre de l'intérieur peut par mesure de police enjoindre à tout étranger même à celui qui aura obtenu l'autorisation d'établir son domicile en France, de sortir immédiatement du territoire français, mais après un délai de deux mois la mesure cesse d'avoir son effet si l'autorisation n'est pas révoquée par décision du gouvernement qui doit prendre l'avis du Conseil d'État.

Pour participer aux droits civils une résidence continue n'est pas obligatoire, les tribunaux ont toute latitude pour apprécier les circonstances, mais l'étranger ne pourra comme un Français invoquer la présomption qu'il n'avait pas quitté la France sans esprit de retour, ce sera toujours à lui qu'incombera la preuve qu'il a entendu y conserver son domicile.

L'autorisation pure et simple d'établir son domicile en France accordée à un étranger ne s'étend ni à sa femme, ni à ses enfants ni à sa domesticité (en ce sens Dalloz, *Jurisp. gén.*, droits civils n° 410) et M. Demolombe [1] pense qu'en matière d'autorisation la règle générale est que les effets sont personnels et que dans ce cas particulier il n'y a pas une raison suffisante d'y déroger. Cette opinion à

---

1. Demolombe t. I, n° 269.

laquelle nous nous rallions est combattue par MM. Aubry
et Rau qui s'expriment ainsi [1] : « l'autorisation accordée
à un étranger s'étend virtuellement à sa femme ainsi
qu'aux enfants soumis à sa puissance paternelle car l'obtention de l'autorisation n'est pas comme la naturalisation
soumise à l'accomplissement de conditions préalables et
que d'autre part une concession dont le seul effet est de
faire jouir l'étranger des droits civils sans entraîner la
perte de sa nationalité d'origine ne peut être qu'avan-
tageuse à ceux qui l'obtiennent, mais comme la jouissance
des droits civils est en outre subordonnée à la condition
de la résidence en France et comme cette condition toute
de fait, doit d'après sa nature être personnellement accomplie par ceux qui aspirent à cette jouissance, les enfants
mineurs et la femme de l'étranger ne peuvent y préten-
dre qu'autant qu'ils ont individuellement satisfait à cet
égard aux exigences de la loi. » En ce sens, Bordeaux,
14 juillet 1845. — Sirey, 46, 2, 394.

Ce système a le grave inconvénient d'admettre à une
faveur des personnes qui peuvent en être peu dignes puisque l'enquête a pu ne porter que sur la moralité de l'im-
pétrant qui pouvait avoir intérêt à dissimuler l'existence
d'autres personnes de sa famille.

Un mineur émancipé est recevable dans sa demande d'é-
tablir son domicile en France. — Bordeaux, 24 mai 1876,
D. P. 1868, II, 79.

Le gouvernement concède très facilement aux Alsaciens-
Lorrains le bénéfice de l'article 13 ; certains d'entre eux
ne peuvent invoquer l'article 18 que le gouvernement
applique seulement à ceux munis d'un certificat d'émigration ou nés postérieuremement au 1er janvier 1851 :

---

1. Aubry et Rau, t. I, n° 79.

ils jouissent ainsi d'une condition qui leur permet d'attendre le décret de naturalisation.

Il est très fréquemment fait remise aux Alsaciens-Lorrains des droits de sceau s'élevant à 175,25. — L'article du projet de loi sur la nationalité tel qu'il est proposé par le conseil d'État supprime (art 10) l'admission au domicile telle que l'ont conçue les rédacteurs du Code. l'admission au domicile ne doit plus être désormais que le premier acte de la procédure en naturalisation ; de plus l'autorisation obtenue par le chef de famille s'étend à sa femme et profite à ses enfants mineurs. L'article 7 du projet dit que l'admission à domicile est périmée si elle n'est pas suivie dans le délai de cinq ans d'une demande en naturalisation.

SECTION I. — Des Majeurs.

L'acquisition de la qualité de français s'obtient aisément par certaines personnes nées de parents étrangers sur le territoire français, ou nées sur le territoire français ou étranger de parents ayant abdiqué leur qualité de Français, mais cette acquisition est entourée de conditions plus onéreuses pour les personnes nées sur un territoire étranger de parents étrangers ; indépendamment de l'origine, la qualité de Français peut résulter du bienfait de la loi, de l'application de l'art. 9 ou de la naturalisation [1].

De l'acquisition de la qualité de Français par le bienfait de la loi

Devenir Français par le bienfait de la loi c'est bénéficier d'une disposition législative que l'on est en droit d'in

1. Consulter le rapport de M. Camille Sée.

voquer en remplissant certaines formalités. Le gouvernement n'a point à intervenir, car aucune sollicitation ne
lui est adressée, comme dans les articles 13 et 18 ; aucun stage n'est imposé comme au cas de naturalisation,
en un mot ce n'est pas une faveur que réclame l'étranger,
il requiert simplement l'application de la loi.

La naissance sur le territoire français produit cet effet
important (art 9) que « tout individu né en France d'un
étranger peut dans l'année qui suit l'époque de sa majorité
réclamer la qualité de Français ; pourvu que dans le cas
où il résiderait en France il déclare que son intention est
d'y fixer son domicile, et que, dans le cas où il résiderait
en pays étranger il fasse sa soumission de fixer en France
son domicile et qu'il l'y établisse dans l'année à compter
de l'acte de soumission. » On pense que les enfants nés
dans de telles conditions ont du moins l'esprit français les
habitudes françaises et l'attachement que chacun a naturellement pour le pays qui l'a vu naître.

Sous l'empire du Code civil, la déclaration devait sous
peine de déchéance être faite dans l'année qui suit l'époque de la majorité, nous pensons que l'âge de la majorité est celui fixé par la loi française, et non celui de la
loi étrangère, cette remarque que nous avons déjà faite
est sans application aux Alsaciens-Lorrains, le Code civil
étant en vigueur en Alsace-Lorraine mais la loi du
22 mars 1849 a apporté à cette règle un tempérament en
étendant le délai de l'article 9 et en permettant à deux
catégories de personnes de faire à toute époque leur déclaration :

1° A celles qui ont servi dans les armées de terre ou
de mer ;

2° Ou qui ont satisfait à la loi du recrutement sans exciper de leur extranéité.

L'étranger qui aura rempli la formalité réclamée par la loi sera censé être Français depuis sa naissance, car l'acquisition de cette qualité était subordonnée à une condition qui est accomplie et la condition réalisée agit rétroactivement. (Code civil, 1179) [1].

Indépendamment de cette prorogation de délai, d'autres modifications que nous ne pouvons passer sous silence ont ont été apportées au texte primitif de l'article 9.

Le gouvernement se trouvait désarmé en présence d'individus nés sur le territoire français d'étrangers qui eux-mêmes y étaient nés. Ils n'avaient aucune nationalité définie, ne satisfaisaient à aucune des obligations que les états sont en droit d'exiger de leurs sujets et se perpétuaient sur le sol français sans qu'on pût les astreindre au service militaire sous peine de les voir opposer leur nationalité étrangère. C'est pour obvier à ce grave inconvénient qu'intervint la loi des 7-12 février 1851 considérant comme Français tout individu né en France d'un étranger qui lui-même y était né, si dans l'année qui suivait sa majorité il ne réclamait la qualité d'étranger par une déclaration faite devant l'autorité, loi complétée par celle du 16 décembre 1874 exigeant une nouvelle formalité « l'étranger doit aussi justifier avoir conservé sa nationalité d'origine par une attestation en due forme de son gouvernement. »

Une autre innovation étend le bénéfice de l'article 9 aux enfants de l'étranger naturalisé français quoique nés en pays étranger (loi du 7 février 1851, article 2); pour les enfants mineurs lors de la naturalisation, la déclaration doit être faite dans l'année qui suit l'époque de leur majorité, pour les enfants majeurs lors de la naturalisation la déclaration doit

---

1. En ce sens cassation 19 juillet 1848.

être faite dans l'année qui suit celle de ladite naturalisation.

Enfin il nous reste à mentionner deux lois récentes, la loi du 14 décembre 1882 et celle du 28 juin 1883.

Les mineurs, d'après la loi de 1882, même ceux nés à l'étranger avant la naturalisation des parents, peuvent s'engager volontairement ou entrer dans les écoles du gouvernement à l'âge fixé par les lois et règlements, en déclarant qu'ils renoncent à la qualité d'étranger et adoptent la nationalité française.

La même faculté est accordée aux enfants mineurs d'un Français qui aurait perdu la qualité de Français par l'une des trois causes exprimées dans l'article 17 du Code civil si le père recouvre sa nationalité d'origine conformément à l'article 18.

La loi du 28 juin 1883 étend le bénéfice de la disposition que nous venons d'analyser aux enfants mineurs nés en France d'une femme française mariée avec un étranger lorsqu'elle recouvre la qualité de Française conformément à l'article 19 du Code civil. Sont assimilés à ces individus les mineurs, orphelins de père et de mère, nés en France d'une Française mariée avec un étranger.

Si l'enfant n'avait été que conçu en France et qu'il fût né en pays étranger d'un étranger il ne jouirait point de la faculté accordée par l'article 9. Les termes de la loi supposent la naissance sur le sol français, et dans cette circonstance il n'y a pas lieu d'appliquer la maxime *infans conceptus pro nato habetur quotiescumque de commodis ejus agitur*. L'enfant, en effet qui n'a été conçu qu'en France ne présente point les mêmes garanties d'affection et d'attachement pour notre pays que celui qui y est né et y a été élevé, du reste la loi n'a pu faire résulter d'un fait obscur, susceptible d'autant de contestations, une qualité aussi importante que la nationalité.

Enfin devient Français par le bienfait de la loi, l'enfant né à l'étranger d'un père qui a perdu la qualité de Français (article 10) ; ici aucun délai n'emporte déchéance, à toute époque de sa vie il pourra remplir les formalités prescrites par l'article 9 ; seulement il y a lieu d'établir une distinction entre l'enfant né à l'étranger d'un ex-Français et l'enfant né en France d'un étranger, le premier, comme nous venons de le faire observer, jouira d'un délai indéterminé pour faire sa déclaration, mais il ne sera point admis à jouir des droits qui auraient pu s'ouvrir à son profit auparavant, l'article 20 n'admet point la rétroactivité et nous devons nous incliner, quoiqu'il paraisse étrange de voir l'enfant né en France de l'étranger profiter de droits ouverts antérieurement à sa déclaration tandis que d'un autre côté la loi se montre plus sévère vis-à-vis de lui en restreignant à une année le délai dans lequel sa déclaration sera recevable.

Quant à l'enfant né en France d'un ex-Français qui lui-même y est né, il est Français de plein droit. en vertu de la loi du 7 et 12 février 1851 s'il n'a pas dans l'année qui suit sa majorité réclamé la qualité d'étranger[1].

La qualité de Français se recouvre plus ou moins facilement suivant la manière dont elle a été perdue. C'est ainsi que le Français qui aura pris du service militaire à l'étranger devra pour être reintégré dans son ancienne nationa-

---

1. Dans le projet de loi actuellement soumis au Sénat les articles 9 et 10 sont remplacés par la disposition suivante : Peuvent être naturalisés français à partir de l'âge de 18 ans jusqu'à l'âge de 22 ans accomplis, en prouvant qu'ils ont eu en France une résidence habituelle de trois ans pendant les cinq années qui ont précédé leur demande en naturalisation : 1º l'individu né en France d'un étranger, 2º l'individu né en France ou à l'étranger d'un Français qui a perdu cette qualité. — Dans les deux cas la naturalisation est conférée sur demande par décret, le Conseil d'État entendu.

lité, rentrer en France avec l'autorisation du gouvernement et obtenir la concession de lettres de relief. Sous
l'empire du Code, il était soumis à toutes les prescriptions
imposées à l'étranger pour devenir citoyen.

Application de l'article 18.

Mais ces conditions rigoureuses ne sont point exigées
de la part du Français qui a perdu sa nationalité dans les
cas prévus par l'article 17, c'est-à-dire en se faisant naturaliser à l'étranger, en acceptant des fonctions conférées par
un gouvernement étranger sans autorisation du chef de
l'État, et en se fixant à l'étranger sans esprit de retour. La
loi est ici en présence d'individus qui soit par intérêt, soit
par ambition n'ont pas hésité à sacrifier leur nationalité,
ont brisé les biens qui les attachaient à leur patrie d'origine et ont mis au service d'une nation étrangère leur
industrie ou leur courage, et cependant elle se montre
favorable à ceux-là mêmes dont l'égoïsme a été le seul
guide. Elle leur facilite les moyens de reconquérir leur
ancienne nationalité : qu'ils rentrent en France avec l'autorisation du gouvernement, qu'ils déclarent que leur intention est de s'y fixer et les voilà de nouveau admis à
jouir de tous les avantages attachés à la qualité de Français. Ne serait-il pas souverainement rigoureux quand on
voit le législateur agir avec tant de bienveillance vis-à-vis
d'anciens Français qui se sont montrés peu dignes de la faveur qu'on leur accorde, de refuser le même bénéfice aux
Alsaciens-Lorrains ? Beaucoup d'entre eux retenus dans les
pays annexés par des attaches qu'ils ne pouvaient rompre
sous peine de voir leur patrimoine s'évanouir sont restés
là bas avec cette espérance entretenue religieusement au
fond du cœur que la fortune leur rendrait bientôt leur an-

cienne nationalité. Ils n'ont point opté et aujourd'hui que la réalité n'a point répondu à leurs espérances et qu'ils voudraient recouvrer la qualité de français, n'est-il pas équitable de les faire profiter du bénéfice de l'article 18 ? Les sentiments qu'ils manifestent ont percé dans de douloureuses circonstances et nous devons d'autant plus seconder leurs patriotiques aspirations que nous connaissons mieux les promesses qu'ils ont à dédaigner et les obstacles qu'ils surmontent pour venir témoigner leur attachement à la France.

Si, comme nous le pensons, les Alsaciens-Lorrains peuvent recouvrir la qualité de Français en rentrant en France avec l'autorisation du gouvernement, ils n'ont qu'à adresser leur demande au garde des sceaux, attendre un décret rendu par le président de la République qui devient parfait par l'insertion au *Bulletin des lois*.

Quelque temps après la signature du traité, des publicistes recherchaient les moyens de faciliter aux Alsaciens-Lorrains leur réintégration, soit parce qu'ils avaient cédé à de rigoureuses nécessités les empêchant d'opter, soit simplement parce qu'ils avaient laissé négligemment les délais légaux s'écouler. Ils demandaient (voir le *Moniteur* du 20 juillet 1872) que la France votât une loi en vertu de laquelle les anciens Français d'Alsace-Lorraine fussent admis à une naturalisation privilégiée et dispensés notamment des conditions de délai et de domiciles imposées par le droit commun. Ce qui les poussait à réclamer une loi spéciale sans se préoccuper de l'article 18, c'est la confusion faite dans leur esprit entre les événements de 1814 et ceux de 1871. En 1814 une loi spéciale était indispensable, elle avait dû être votée pour permettre aux habitants des territoires cédés de reconquérir la nationalité française ! Voilà un précédent et il n'y avait qu'un examen des plus rapides qui pût permettre de l'invoquer en 1871 comme une preuve péremptoire. La situation des territoires cédés en 1814 est loin d'être identique à celle de l'Alsace-Lorraine. En 1814 on a considéré les provinces cédées comme n'ayant jamais fait partie intégrante de la France et par conséquent les habitants de ces pays, comme n'ayant jamais été Français ? Comment dès lors aurait-on pu leur permettre d'invoquer l'article 18 qui est une faveur accordée seulement aux anciens Français ?

La loi du 14 octobre 1814 examine plusieurs catégories d'individus : d'abord pour les Français d'origine établis dans les pays détachés au moment du démembrement rien n'était exigé, quant aux indigènes, il y avait des distinctions à établir dans le détail desquelles nous n'entrerons pas ; l'économie générale de la loi indique une tendance très nette de favoriser tous ceux qui désirent la qualité de Français. Ajoutons que le roi était toujours libre d'abréger le délai fixé par la constitution de l'an VIII et que dans aucun cas comme le rapporte M. Alauzet, *De la qualité de français,* n° 107 « la déchéance n'a été opposée et les dix ans de résidence n'ont été exigés, comme condition légale au moins, des habitants des anciens départements cédés qui jusqu'à la loi du 3 décembre 1849 ont sollicité leur naturalisation ?

Pourquoi ne pas s'inspirer de l'esprit de la loi de 1814 et ne pas favoriser tous ceux qui veulent redevenir Français ? On venait en aide autant que possible à ceux qui manifestaient leur attachement pour leur ancienne patrie et aujourd'hui le traité de Francfort qui ne produit aucun effet rétroactif nous permet d'invoquer une disposition qu'il était alors impossible d'appliquer.

Non, le seul mode de reintégration ou plutôt de conservation de la qualité de Français n'est pas celui indiqué

par le traité du 10 mai art. 2 ; non, en soutenant la théorie
que nous avons émise, on ne permet pas d'abdiquer trop
facilement la qualité d'Allemand, et nous ne pensons pas
que le traité ait limité le nombre des individus pouvant
conserver leur ancienne nationalité à ceux qui ont opté.
Du reste les effets seront bien différents selon que l'on
aura opté pendant la période déterminée par le traité ou
que l'on aura recouvré postérieurement la qualité de Français par application de l'article 18. Tout optant est considéré comme ayant toujours été Français, au contraire
sera considéré comme Allemand jusqu'au jour où il béné-
ficiera de l'article 18 l'individu qui n'aura point opté, car
l'article 20 établit que lorsque la nationalité française est
ainsi recouvrée, aucun effet rétroactif ne se produit. Nous
avons déjà rappelé la jurisprudence du Tribunal de Vesoul
et de la Cour de Nancy établissant que les Alsaciens-Lorrains sont Français jusqu'à l'expiration du délai qui leur
est accordé pour opter. Mais s'ils négligent d'opter ils sont
considérés comme Allemands depuis le 20 mai 1871, et
tout Alsacien-Lorrain bénéficiant de l'article 18 ne pourra
pas s'autoriser de sa qualité de Français pour réclamer les
droits qui auraient pu s'ouvrir à son profit du 20 mai 1871
au jour de sa réintégration.

Sans nous attarder aux objections faites à notre opinion
et qui nous paraissent suffisamment réfutées, on peut
ajouter que les termes de l'article 18 viennent la corrobo-
rer, surtout si l'on prend soin de les rapprocher du projet
primitif où figurait le mot *abdiqué* qui semblait compren-
dre seulement les cas prévus par l'article 17 et dans lesquels la volonté joue un rôle bien accentué. Ce terme a
été remplacé par le mot perdu beaucoup plus extensif et
qui embrasse, sans qu'il soit besoin d'une mention spéciale,
la perte de la nationalité provenant d'un démembrement.

Faisons valoir aussi les raisons impérieuses qui ont contraint un si grand nombre d'Alsaciens-Lorrains à rester dans des provinces où les retenaient les plus chers intérêts, rappelons les incertitudes, les hésitations de toutes sortes provenant de notes échangées entre les gouvernements, les espérances nourries dans tous les cœurs que l'annexion serait de courte durée, et nous comprendrons pourquoi tant de nos compatriotes n'ont point opté.

C'est seulement vers le milieu de septembre 1872 que le gouvernement se décidait à faire connaître les nouvelles exigences de l'Allemagne; on sait les difficultés qu'ont dû vaincre, dans plusieurs localités, ceux qui venaient faire leur déclaration, les obstacles à surmonter par ceux qui voulaient opter pour leurs enfants mineurs sans opter pour eux-mêmes.

Si c'est appliquer la loi que de seconder les aspirations de ceux qui, par ambition et dans un moment d'égarement, ont abandonné leur nationalité d'origine, c'est pénétrer plus profondément dans son esprit que de rendre leur patrie à ceux qui en ont été arrachés sans être consultés, et qui n'ont jamais cessé de lui témoigner tout leur attachement.

Le gouvernement français, après quelques hésitations, a décidé de faire bénéficier les Alsaciens-Lorrains de l'article 18 et, depuis 1874, les réintégrations ont été fréquentes. Il a été décidé d'un commun accord entre le département des affaires étrangères et celui de la justice qu'il ne serait donné aucune suite aux demandes de réintégration formées par les Alsaciens-Lorrains nés postérieurement au 1er janvier 1851 à moins qu'ils ne puissent justifier de service dans l'armée française y compris la garde mobile avant le 17 décembre 1871 (tous les individus nés en Alsace-Lorraine depuis le 1er janvier 1851 ou ayant servi en

France depuis le 17 décembre 1871 ont été dispensés par l'Allemagne de tout service militaire).

Il n'est fait d'exception à cette règle que pour les Alsaciens-Lorrains pouvant produire un certificat d'émigration les affranchissant de la nationalité allemande, soit d'une manière complète et absolue, soit à la condition que dans un délai qui ne serait pas expiré, ils aient acquis une autre nationalité. Ces restrictions à l'art. 18 sont empruntées à un communiqué du ministère de la justice. Le gouvernement a toute latitude pour admettre ou refuser les autorisations qui lui sont demandées ; si l'Alsacien-Lorrain est débouté de sa demande, qu'il sollicite le bénéfice de l'article 13, c'est-à-dire le droit d'avoir son domicile en France et d'y jouir des droits civils [1].

De la naturalisation.

La naturalisation est l'acte par lequel un étranger obtient les mêmes droits que s'il était né en France. Nous ne pouvons entrer dans le domaine des lois qui se sont succédées depuis 1790 ; qu'il suffise de rappeler que la révolution, plaçant l'acquisition de la qualité de Français dans le domaine de la loi la subordonne à des conditions devant manifester suffisament l'attachemment de l'étranger aux institutions de la France. Toutes les constitutions qui ont régi la France jusqu'à celle de l'an VIII ont soumis la naturalisation à des conditions plus ou moins rigoureuses. Voir les constitutions de 1791-1793, — art. 3 de la constitution du 22 frimaire an VIII — le sénatus-consulte du 17 février 1808 — consulter aussi l'ordonnance du 4 juin, 22 vendémiaire an XI perpétuée par le sénatus-consulte de

1. Voir sur l'application de l'art. 18 aux Alsaciens-Lorrains la *Revue générale d'administration*, année 1879.

1814, le décret du 17 mars 1809 et la loi du 3 décembre 1849. La loi actuellement en vigueur est celle du 29 juin 1867, elle réduit le délai du stage de dix ans à trois ans ; trois conditions sont rigoureusement exigées :

1° L'âge de vingt et un ans accomplis.

2° Un domicile établi avec l'autorisation du gouvernement (article 13, C. C.) ; est assimilé toutefois à la résidence en France le séjour en pays étranger pour l'exercice d'une fonction conférée par le gouvernement français.

3° Un stage dont le point de départ est le jour où la demande d'autorisation est enregistrée au ministère de la justice.

Les trois années de stage écoulées une nouvelle demande doit être adressée pour obtenir la naturalisation. Avant que le gouvernement statue sur l'admission de l'étranger comme naturalisé, le conseil d'État doit être consulté, il n'est pas nécessaire qu'il donne un avis conforme, son rôle se borne à éclairer le gouvernement sur la décision qu'il va rendre ; le ministre de la justice adresse ensuite son rapport au gouvernement qui statue librement d'après le résultat de l'enquête.

« Le délai de trois ans peut-être réduit à une seule année en faveur des étrangers qui ont rendu à la France des services importants, qui ont introduit en France soit une industrie, soit des inventions utiles, qui y ont apporté des talents distingués, qui y ont formé de grands établissements ou créé de grandes exploitations agricoles. » (Article 2, loi du 29 juin 1867.)

Il n'existe plus aujourdui comme autrefois deux naturalisations la grande et la petite. La première ne pouvait résulter que d'un vote du pouvoir législatif, et en même temps que la qualité de Français conférait la plénitude des droits politiques notamment le droit de siéger dans les chambres, l'autre accordée par le chef du pouvoir exécutif n'accordait que les droits civils.

La loi du 29 juin 1867 ne reconnaît qu'une seule naturalisation dont le temps d'épreuve peut varier, mais qui concéde tous les droits dont jouissent les Français d'origine. L'étranger acquérant la qualité de Français est mis sur le même rang que les autres Français, il n'y a plus d'exception pour le droit d'éligibilité, cependant les articles organiques du concordat (18 germinal an X) signalent une exception (V. art 16) : «on ne pourra être nommé évêque avant trente ans et si l'on n'est originaire français », M. Spire (Thèse de doctorat, Náncy, 1879) et nous nous nous rangeons à son avis parceque cette disposition ne saurait être opposée à l'Alsacien-Lorrain né Français, antérieurement au 2 mars (car le traité n'a eu aucun effet rétroactif) et qui depuis aurait recouvré la qualité de Français.

L'acquisition de la qualité de Français par la naturalisation ne produit aucun effet rétroactif et celui qui l'obtient ne doit se soumettre aux lois de sa patrie adoptée qu'à compter du jour du décret de naturalisation, par conséquent il y a lieu de décider qu'il conserve la jouissance de tous les droits qui lui sont acquis antérieurement, ainsi le second mariage qu'il aurait contracté dans son pays après avoir divorcé serait pleinement valable aux yeux de la loi française.

Les effets de la naturalisation sont individuels et restreints à la personne à laquelle elle a été conférée ; les enfants nés antérieurement à la naturalisation de leur père demeurent des étrangers, nous avons mentionné plus haut les facilités que leur ménageait la loi pour obtenir la qualité de Français (loi du 7-12 février 1811 modifiée par la loi du 14 février 1882); la naturalisation est subordonnée

à des conditions que doit remplir en personne l'individu
qui y aspire. Elle est le résultat d'un contrat formé entre
cet individu et la nation qui l'adopte en considération de
ses qualités et de l'accomplissement des conditions aux-
quelles il s'est personnellement soumis. La femme de l'é-
tranger naturalisé demeure étrangère à moins qu'elle n'ait
n'ait aussi accompli peronnellement les conditions exigées
pour la naturalisation et quelle ne se trouve nominalement
comprise dans l'acte qui a prononcé la naturalisation de
son mari ou qu'elle n'ait été naturalisée séparément avec
l'autorisation de ce dernier.

Les effets de la naturalisation sont donc essentiellement personnels et incommunicables. Ces idées pour lesquelles nous avons même emprunté les termes de MM. Aubry et Rau, t. 1, n° 71, sont aussi défendues par M. Demolombe, t. I, n° 175.

Le décret du gouvernement de la Défense nationale du
26 octobre 1870 supprime momentanément le stage en
faveur de certaines personnes, « le délai d'un an, dit l'article 1er du décret, exigé par l'article 2 de la loi du 3 décembre 1849 modifiée par la loi du 29 juin 1867 pour la naturalisation exceptionnelle, ne sera pas imposé aux étrangers
qui auront pris part à la guerre actuelle pour la défense
de la France. En conséquence ces étrangers pourront être
naturalisés aussitôt après leur admission à domicile sauf
l'enquête prescrite par la loi. » Dans le dernier article du
décret on voit que la dispense de stage pour la naturalisation ne pourra profiter qu'aux étrangers qui auraient fait
leur demande de naturalisation avant l'expiration des deux
mois qui suivront la cessation de la guerre ; le décret
exempte de tous frais qui s'élèvent à la somme de 175,25
tous ceux qui sont visés par ses dispositions. Cette faveur
est rarement accordée à des indigents car la France n'a

aucun intérêt à accueillir des individus de cette nature.

La naturalisation est acquise du jour de l'insertion du décret au *Bulletin des lois*. Voir arrêt cour de Paris, 19 février 1877. [1]

Recouvrement de la nationalité française par les femmes mariées

Une femme française qui épouse un étranger perd la qualité de Française, car elle est présumée renoncer à sa nationalité pour suivre celle de son mari (article 19, § 1), mais à ce cas de déchéance correspond pour la femme un mode spécial de recouvrement c'est celui indiqué par l'article 19, § 2, si elle devient veuve elle recouvrera la qualité de Française pourvu qu'elle réside en France ou qu'elle y rentre avec l'autorisation du gouvernement.

Si elle réside en France lors de la dissolution du mariage, l'autorisation du gouvernement est inutile. Toutes les femmes françaises qui, postérieurement au 20 mai 1871

---

1. L'article 8 du projet de loi sur la nationalité établit qu'il sera statué « sur la demande en naturalisation après enquête sur la moralité de l'étranger, par un décret du président de la République rendu sur le rapport du ministre de la justice, le conseil d'État entendu. Si la demande est rejetée, il ne peut être formé de nouvelle demande d'admission à domicile avant un délai de deux années. »

La première disposition de l'article 8 est la reproduction du paragraphe final de l'article 1er de la loi de 1867.

La seconde disposition a été insérée dans le projet afin de faire cesser un abus révélé par la pratique. Aucun délai n'était imposé aux étrangers pour renouveler une demande de naturalisation repoussée par le gouvernement. Ils recommençaient parfois la procédure en naturalisation peu après le rejet de la première requê e. Ils ne pourront, à l'avenir, la reproduire avant l'expiration d'un délai que l'on a proposé de fixer à cinq ans, mais que la section a cru pouvoir réduire à deux ans. Voir pour de plus amples détails le rapport fait au nom de la section de législation par M. Camille Sée, conseiller d'État.

ont épousé des Alsaciens-Lorrains n'ayant pas opté pourront, lors de leur viduité, bénéficier de cette disposition.
Nous pensons que la femme devenue veuve avant d'avoir
atteint sa majorité peut recouvrer sa qualité de Française
dans les conditions fixées par l'article 19 qui n'établit aucune distinction.

La femme Alsacienne-Lorraine qui n'apoint opté obtien-
dra la nationalité française en épousant un Français en
vertu du principe énoncé en l'article 12 : « l'étrangère qui
aura épousé un Français suivra la condition de son mari. »
Il ne faut pas étendre cette règle outre mesure, elle signifie
que la femme acquiesce à la nationalité possédée par son
mari du moment du mariage mais nullement à toutes les
modifications que son statut personnel pourrait subir dans
la suite.

Aucune dérogation provenant d'une convention entre
les époux ne saurait être admise, même si la femme avait
expressément stipulé dans son contrat de mariage qu'elle
entend conserver sa nationalité d'origine. Ici la loi lui impose la qualité de Française et nous ne nous laissons point
arrêter par cette objection que présente M. Mourlon, t. II,
n° 164 : à savoir que c'est un jeu puéril de forcer la femme
à prendre une qualité qui lui répugne et de lui permettre
de s'en affranchir aussitôt après le mariage par une naturalisation acquise dans sa patrie naturelle avec l'autorisation de son mari.

Mais quel serait le mode de recouvrement ouvert à une
femme née en Alsace-Lorraine qui n'a point opté et se
trouve mariée à un Français non originaire des pays cédés ?

Elle ne saurait bénéficier de l'article 19 qui cependant
favorise la femme ayant volontairement renoncé à sa nationalité d'origine, puisqu'il prévoit l'hypothèse du veuvage.

Elle pourra, il est vrai, recourir à la naturalisation mais

les formalités précédant l'obtention du décret sont lon-
gues, nous les avons déjà indiquées ; indépendamment de
l'autorisation du mari, la femme devra subir un stage de
trois ans dont le point de départ sera le jour de l'enregis-
trement de la demande au ministère de la justice, renouveler, à l'expiration de ce délai, sa demande en naturalisation sur laquelle statuera le conseil d'État. Et ce n'est
qu'enfin que sera rendu le décret sur le rapport du garde
des sceaux. Il est donc souverainement rigoureux d'exiger
d'une ancienne Française l'accomplissement de ces formalités si justes lorsqu'elles sont réclamées d'étrangers
dont on veut mettre en relief l'attachement pour la France.
Que l'on se souvienne comment cette femme a perdu sa
nationalité alors que son mari restait Français ! Mais si la
naturalisation nous présente avant d'être obtenue une
situation transitoire trop désavantageuse, pourquoi ne pas
la faire bénéficier de l'article 18 ? Ici aucune distinction
entre l'homme et la femme, ce mot de français ne saurait être pris dans un sens restrictif, *genus masculinum
complectitur et femineum*, et s'explique par les cas prévus dans l'article 17 qui la plupart du temps ne seront
applicables qu'à des hommes.

Nous pensons également que, si les deux époux originaires d'Alsace-Lorraine avaient l'un et l'autre négligé
d'opter, la femme pourrait récupérer la qualité de Française
en invoquant l'art. 18, mais il appartiendrait au gouvernement, avant d'accorder l'établissement du domicile en
France, de peser scrupuleusement les raisons pouvant
porter la femme à solliciter la qualité de Française. Si elle
est veuve ou divorcée sa seule volonté suffit, quoique
notre législation n'admette point le divorce, nous devons
cependant déduire les conséquences de cette décision
légalement prononcée à l'étranger.

Du recouvrement de la qualité de Français par les mineurs.

Les mineurs ne peuvent être naturalisés ; une des principales conditions, l'âge de 21 ans, leur fait défaut, mais cet élément ne leur cause ici aucun préjudice et ils doivent être admis à invoquer l'article 18 qui n'établit point de distinction entre les majeurs et les mineurs. Les mineurs, toutefois qui ont encore leurs parents dans le cas où ceux-ci ne sont point domiciliés sur le territoire français ne seront point recevables dans leur demande car le mineur a son domicile chez ses père et mère (art. 108) il en sera différemment s'ils étaient émancipés.

Les effets provenant de l'admission de la demande sont personnels à celui qui l'a faite et les mineurs ne sont point compris dans celle de leurs parents. L'enquête à laquelle se livrera le gouvernement avant d'accéder à l'instance qui lui est faite ne portera que sur le postulant et il pourra parfaitement ignorer l'existence d'enfants peu soucieux d'acquérir la nationalité française [1].

---

1. Nous nous rendons parfaitement compte que la logique nous imposait de traiter ici des lois du 14 février 1882 et du 28 juin 1883, mais nous avons préféré les expliquer à propos de l'article 9 de façon à ce qu'on pût suivre les progrès de la législation dans les modifications apportées au texte primitif par les lois postérieures.

MOYENS DE SE SOUSTRAIRE A LA NATIONALITÉ ALLEMANDE.

La loi du 1er juin 1870 sur l'acquisition et sur la perte de la nationalité fédérale et de la nationalité d'État a été étendue à tout l'empire d'Allemagne par la nouvelle constitution allemande, article 79, et est devenue ainsi loi de l'empire (reichs-gesetz); depuis le 8 janvier 1873, elle est applicable à l'Alsace-Lorraine.

Il est intéressant de faire connaître les dispositions de cette loi, elles mettront en lumière les principes sur lesquels ont dû s'appuyer les Allemands pour refuser la qualité de Français à tant d'Alsaciens-Lorrains que nous regardons comme ayant accompli toutes les prescriptions qui devaient leur conserver leur nationalité d'origine. De plus cet examen sommaire nous indiquera les moyens mis à la disposition de nos compatriotes pour se soustraire légalement à la nationalité allemande.

Si les Allemands ont repoussé les propositions des plénipotentiaires français qui voulaient considérer le domicile comme le *criterium* unique auquel il fallait s'attacher pour déterminer les individus atteints par le traité, c'est qu'ils admettaient l'existence d'un indigénat spécial Alsacien-Lorrain dissimulé sous l'indigénat Français.

En Allemagne on distingue deux nationalités reliées intimement, elles s'acquièrent et se perdent simultanément.

« La nationalité fédérale est acquise par toute personne qui a la nationalité d'État dans un pays de la Confédération et se perd avec elle. » (Article 1er.)

Dans tous les états confédérés il n'en est point de même;

ainsi aux États-Unis le titre de citoyen américain est tout à fait indépendant de celui de citoyen d'un des états de l'union.

En Suisse, au contraire, celui-là seul est citoyen de la confédération helvétique qui est membre d'un canton.

La nationalité est acquise : 1° par la filiation ; 2° par la légitimation ; 3° par le mariage ; 4° pour un étranger par la naturalisation.

L'adoption par elle-même n'a aucune influence sur la nationalité.

La loi allemande ne tient aucun compte de la naissance sur le territoire fédéral ; les enfants nés d'étrangers dans la confédération ne sont pas placés dans une situation différente de celle des enfants nés d'étrangers hors de la confédération.

Quant aux enfants naturels, la loi décide qu'ils suivent toujours la condition de leur mère, cette règle a plus d'importance qu'en France, car dans certains états de l'Allemagne la recherche de la paternité est admise.

Nous avons déjà fait allusion antérieurement au droit qu'avaient les mineurs de solliciter la naturalisation dans le cas où ils avaient l'autorisation de leurs parents. Pour plus de détails sur les prescriptions nécessaires en cas de naturalisation nous renvoyons aux articles 8-9-10 de la loi et à l'analyse qu'a été faite du projet de loi par M. Lyon-Caen.

(Voir *Bulletin de la société de législation comparée,* juillet 1870, p. 238 et *Annuaire de législation étrangère* 1872 p. 183.)

Remarquons toutefois que si en France les effets de la naturalisation sont personnels à celui qui l'a sollicitée, il en est différemment en Allemagne ou la concession de la nationalité d'état s'étend s'il n'est point fait de dérogation, en même temps à la femme et aux enfants mineurs encore soumis à la puissance paternelle (art. 11).

Nous trouvons aussi une naturalisation tacite inconnue dans notre droit, elle résulte de l'admission par un gouvernement d'un étranger au service direct de l'État « soit à un service public immédiat ou médiat, soit à une fonction ecclésiastique, scolaire ou municipale, en tant qu'aucune réserve n'est insérée dans l'acte de nomination. » En France, la concession de fonctions publiques n'entraînerait dans aucun cas la naturalisation de plein droit, l'étranger toutefois, à raison des services qu'il aurait pu rendre dans le poste où il a été appelé, pourrait peut-être bénéficier de la disposition de l'art. 3 de la loi du 29 juin 1867 et voir réduire de trois ans à un an le stage qui lui est imposé.

La perte de la nationalité fédérale peut résulter : 1° de la démission du titre de citoyen acceptée par le gouvernement (permis d'émigration) ; 2° de la déchéance prononcée par jugement ; 3° du séjour prolongé à l'étranger pendant dix ans ; 4° pour les enfants naturels par la légitimation quand le père appartient à un autre état que la mère ; 5° pour une Allemande par son mariage avec un étranger.

Nous allons examiner très sommairement comment un Alsacien-Lorrain pourra cesser d'être Allemand ; faisons observer auparavant que la loi fédérale ne donne point aux citoyens confédérés d'une façon absolue le droit d'abandonner leur patrie pour devenir citoyens d'un autre pays ; elle n'a aucune disposition mentionnant, parmi les causes de perte de la nationalité, la naturalisation acquise en pays étrager.

La femme Alsacienne-Lorraine qui épousera un Français perdra la nationalité allemande et deviendra française (Art. 13, § 5).

7

Les permis d'émigration sont accordés à toute personne justifiant qu'elle ne le réclame pas exclusivement pour se soustraire au service militaire, ainsi ils ne sont point délivrés aux personnes âgées de dix-sept à vingt-cinq ans, à moins qu'elles ne produisent un certificat émané de l'autorité militaire d'où il résulte qu'elles ne seraient point admises au service militaire.

Le permis d'émigration est considéré comme non avenu, si dans un délai de six mois après la délivrance de l'acte qui l'accorde, celui qui l'a obtenu n'a pas transporté son domicile hors du territoire fédéral, nous avons déjà fait connaître que le gouvernement français n'accordait le bénéfice de l'art. 18 aux personnes nées postérieurement au 1er janvier 1851, qu'autant qu'elles produisaient un permis régulier d'émigration.

Depuis plusieurs années de nombreux permis d'émigration ont été accordés à des jeunes gens dont les parents continuaient à résider dans les territoires cédés ; au début de l'annexion et dans la crainte que les Alsaciens-Lorrains ne profitassent avec trop d'empressement de la facilité que leur donnaient ces dispositions pour faire exempter leur fils de la loi militaire, la chancellerie fédérale soutenait que les jeunes gens de moins de dix-sept ans ne peuvent avoir d'autre domicile légal que celui de leurs parents (108 du Code civil) et sont par conséquent incapables de remplir valablement les conditions de l'émigration, L'Allemagne oubliait que les enfants pouvant être émancipés par leurs parents à l'âge de 15 ans sont à partir de cette époque capables d'avoir un domicile propre, et elle mettait dans l'impossibilité d'opter ceux qui étant orphelins ne peuvent être émancipés qu'à l'âge de 18 ans. Mais elle a abandonné cette doctrine rigoureuse, et beaucoup de mineurs non émancipés ayant quitté l'Alsace-Lorraine

avec un permis d'émigration, alors que leurs parents continuaient à y résider, n'ont pas été inquiétés par l'administration lorsqu'ils rentraient momentanément dans les
territoires cédés. Un séjour prolongé de dix ans à l'étranger fait perdre la qualité de citoyen confédéré (art. 21),
le délai sus-indiqué court du jour de la sortie du territoire
fédéral, ou lorsque la personne qui le quitte est en possession d'un passe-port ou de certificats de domicile du
jour où ses papiers cessent d'êtres valables.

Mais cette présomption que l'esprit de retour est perdu
peut toujours être combattu par une preuve contraire qui
résulterait de l'inscription sur le registre matricule d'un
consulat fédéral.

Pendant dix ans les citoyens allemands restent soumis
aux exigences de la loi allemande, ils restent tenus à
toutes les obligations imposées à ceux qui résident dans
le pays et comme pendant la même période ils peuvent
être considérés par un état étranger comme ses nationaux,
des conflits internationaux peuvent surgir, et, c'est pour
obvier à cet inconvenient que la loi décide que des traités
peuvent réduire à cinq ans le délai de dix ans pour ceux qui
résidant à l'étranger, ont en même temps acquis une autre nationalité.

Un traité de ce genre a été conclu le 22 février 1868
avec les États-Unis.

Le permis d'émigration s'étend à la femme et aux enfants soumis à la puissance paternelle s'il n'y est point
fait de dérogation. La perte de la nationalité d'États s'é-
tendra aux mêmes personnes si elles se trouvent à l'é-
tranger. V. art. 19 et 21, § 2.

ERRATA

Page 7, ligne 7, au lieu de : union, lisez : cession.

— 15, ligne 2, au lieu de : ratifié, lisez : ratifiés.

— 27, ligne 20, au lieu de : refiechie, lisez : réfléchie.

— 45, ligne 10, au lieu de : 1875, lisez : 1871.

— 45, ligne 14, au lieu de : 1875, lisez : 1872.

— 45, ligne 32, au lieu de : même, lisez : mêmes.

— 46, ligne 11, au lieu de : leur, lisez : leurs.

—. 48, ligne 12, au lieu de : n'adme, lisez : n'admet.

— 57, ligne 7, au lieu de : domiciliés, lisez : domiciliées.

— 60, ligne 22, au lieu de : obtenu, lisez : obtenue.

— 62, ligne 8, au lieu de : réintigration, lisez : réintégration.

— 62, ligne 27, après gouvernement, ajoutez : étranger sans
autorisation du gouvernement.

— 63, ligne 3, au lieu de : c'est considérer, lisez : est considéré.

— 63, ligne 21, au lieu de : recouvrir, lisez : recouvrer.

— 65, ligne 6, au lieu de : accordé, lisez : accordée.

— 74, ligne 21, au lieu de : effouage, lisez : affouage.

— 83, ligne 12, au lieu de : recouvrir, lisez : recouvrer.

— 90, ligne 7, au lieu de : peronellement, lisez : personnellement.

— 90, ligne 28, au lieu de : auraient, lisez : auront.

— 98, ligne 30, au lieu de : opter, lisez : user variablement
d'un permis d'émigration.

TABLE DES MATIÈRES